自分の星座のこと、性格のこと、友だちとの
つき合いのこと、そして気になる恋のこと……♡
この本には、キミのあしたが楽しくなるヒントが
たくさんつまっているよ。
さあ、さっそくページをめくってみよう。

スーパーハッピーうらない もくじ

読んで元気になれる

キミのための格言つき！
36パターンの超あたる星占い …… 5

星占い

キミはどの星座？ 36パターンをチェック …… 6

牡羊座
- トップを目指す牡羊座 …… 12
- 華やかな牡羊座 …… 14
- 大らかな牡羊座 …… 16
- **牡羊座にささぐ ひみつの書** …… 20
- 思いやりあふれる牡羊座 …… 22
- 知的で女の子らしい牡牛座 …… 24
- みんなからたよられる牡牛座 …… 26
- **牡牛座にささぐ ひみつの書** …… 30
- 盛り上げ役の双子座 …… 32
- カリスマ的存在の双子座 …… 34
- マイペースな双子座 …… 36
- **双子座にささぐ ひみつの書** …… 40

- 愛嬌たっぷりな蟹座 …… 42
- リーダータイプの蟹座 …… 44
- サービス精神旺盛な蟹座 …… 46
- **蟹座にささぐ ひみつの書** …… 50
- パワフルで華やかな獅子座 …… 52
- 正義感が強い獅子座 …… 54
- ボーイッシュな獅子座 …… 56
- **獅子座にささぐ ひみつの書** …… 60
- 個性的な乙女座 …… 62
- コツコツがんばる乙女座 …… 64
- センスバツグンの乙女座 …… 66
- **乙女座にささぐ ひみつの書** …… 70
- ムードメーカーな天秤座 …… 72
- みんなが注目する天秤座 …… 74
- お姉さん的存在の天秤座

射手座にささぐ ひみつの書

情熱を秘めた蠍座 …76
ミステリアスな蠍座 …80
フレンドリーな蠍座 …82

射手座にささぐ ひみつの書

おとなっぽい射手座 …84
超アクティブな射手座 …86
自由奔放な射手座 …90

山羊座にささぐ ひみつの書

堅実で慎重な山羊座 …100
リーダー気質の山羊座 …102
カンがするどい山羊座 …104

水瓶座にささぐ ひみつの書

新しいことが大好きな水瓶座 …112
現実的でクールな水瓶座 …114
才能あふれる水瓶座 …116

魚座にささぐ ひみつの書

笑顔がステキな魚座 …120
魅力あふれる魚座 …122
ロマンチックな魚座 …124

魚座にささぐ ひみつの書 …126

お楽しみコラム
気軽に試して☆ ちょこっとおまじない その1 …130

診断テスト
キミの魅力はまだまだ眠っている!!
チャームポイント発掘テスト …131

お楽しみコラム
見た目チャームポイント …132
雰囲気チャームポイント …136
気軽に試して☆ ちょこっとおまじない その2 …140

ストーリー占い
かわいい動物たちがナビゲート!
めちゃかわ♪ 動物占い …141

はりねずみの不思議な一日 …142

チャートテスト

あしたからの恋、全部教えてあげる♡ 恋のYES&NOチェック …151

- 明るくフレンドリーな犬の「ララ」…142
- おしゃれで気分屋なねこの「ミュー」…144
- もの知りで頭がいいインコの「ミドリ」…145
- かけっこ大好きなリスの「クッキー」…146
- さびしがり屋のウサギの「ホワイト」…147

お楽しみプラム
- テスト1 男の子にモテるのはこんな子!! キミにピッタリのカレはこんな人!! …152
- テスト2 あの人は、キミをどう思ってる!? …158
- テスト3 まきこまれそうな恋のトラブル …162
- 気軽に試して☆ちょこっとおまじない その3 友情のおまじない …166

運命数占い

キミの裏表がわかっちゃう！天使&小悪魔診断 …167

- 占いかた …168
- 運命数1のキミ …169
- 運命数2のキミ …170
- 運命数3のキミ …171
- 運命数4のキミ …172
- 運命数5のキミ …173
- 運命数6のキミ …174
- 運命数7のキミ …175
- 運命数8のキミ …176
- 運命数9のキミ …177

お楽しみプラム
- 気軽に試して☆ちょこっとおまじない その4 かわいさアップしたいとき …178

診断テスト

も〜っと友だちとなかよくなるために……☆ プラスマイナスデコボコTEST …179

- PART1 自分の性格編 自分発見デコボコTEST …180
- PART2 友だちとのつき合い編 友情デコボコTEST …186

キミのための格言つき！36パターンの超あたる星占い

ふつうは12星座で占うけれど、
ここでは特別に36パターンにわけて、
くわしく占っていくよ♪
つらいときや苦しいときに読んでほしい格言を集めた
"ひみつの書" にも大注目！

をチェック★

もっと細かい36パターンで占うよ。
のタイプなのか調べてみよう！

牡羊座

3/21 ▶ 3/31生まれ ……… トップを目指す牡羊座 P10
4/1 ▶ 4/10生まれ ……… 華やかな牡羊座 P12
4/11 ▶ 4/19生まれ ……… 大らかな牡羊座 P14

牡牛座

4/20 ▶ 4/30生まれ ……… 思いやりあふれる牡牛座 P20
5/1 ▶ 5/10生まれ ……… 知的で女の子らしい牡牛座 P22
5/11 ▶ 5/20生まれ ……… みんなからたよられる牡牛座 P24

双子座

5/21 ▶ 5/31生まれ ……… 盛り上げ役の双子座 P30
6/1 ▶ 6/10生まれ ……… カリスマ的存在の双子座 P32
6/11 ▶ 6/21生まれ ……… マイペースな双子座 P34

 きょうは絶好調。みんなから注目されるできごとがありそう♪

キミはどの星座？ 36パターン

ここでは、ふつうの12星座ではなく、キミの誕生日をチェックして、ど

蟹座

6/22 ▶ 6/30 生まれ ……… 愛嬌たっぷりな蟹座 P40

7/1 ▶ 7/10 生まれ ……… リーダータイプの蟹座 P42

7/11 ▶ 7/22 生まれ ……… サービス精神旺盛な蟹座 P44

獅子座

7/23 ▶ 7/31 生まれ ……… パワフルで華やかな獅子座 P50

8/1 ▶ 8/11 生まれ ……… 正義感が強い獅子座 P52

8/12 ▶ 8/22 生まれ ……… ボーイッシュな獅子座 P54

乙女座

8/23 ▶ 9/1 生まれ ……… 個性的な乙女座 P60

9/2 ▶ 9/11 生まれ ……… コツコツがんばる乙女座 P62

9/12 ▶ 9/22 生まれ ……… センスバツグンの乙女座 P64

36パターンの超あたる星占い

天秤座

- 9/23 ▶ 10/2 生まれ …… ムードメーカーな天秤座　P70
- 10/3 ▶ 10/12 生まれ …… みんなが注目する天秤座　P72
- 10/13 ▶ 10/23 生まれ …… お姉さん的存在の天秤座　P74

蠍座

- 10/24 ▶ 11/2 生まれ …… 情熱を秘めた蠍座　P80
- 11/3 ▶ 11/12 生まれ …… ミステリアスな蠍座　P82
- 11/13 ▶ 11/22 生まれ …… フレンドリーな蠍座　P84

射手座

- 11/23 ▶ 12/2 生まれ …… おとなっぽい射手座　P90
- 12/3 ▶ 12/12 生まれ …… 超アクティブな射手座　P92
- 12/13 ▶ 12/21 生まれ …… 自由奔放な射手座　P94

★今日の占い★　かわいいグッズが見つかる予感。友だちにもほめられるよ！

山羊座

12/22 ▸ 12/31生まれ	堅実で慎重な山羊座	P100
1/1 ▸ 1/10生まれ	リーダー気質の山羊座	P102
1/11 ▸ 1/19生まれ	カンするどい山羊座	P104

水瓶座

1/20 ▸ 1/29生まれ	新しいことが大好きな水瓶座	P110
1/30 ▸ 2/8生まれ	現実的でクールな水瓶座	P112
2/9 ▸ 2/18生まれ	才能あふれる水瓶座	P114

魚座

2/19 ▸ 2/28生まれ	笑顔がステキな魚座	P120
2/29 ▸ 3/9生まれ	魅力あふれる魚座	P122
3/10 ▸ 3/20生まれ	ロマンチックな魚座	P124

36パターンの超あたる星占い

3/21 ▶ 3/31生まれ
トップを目指す牡羊座

エネルギッシュな有言実行タイプ

このタイプの人は、すべてにおいてトップをねらう負けず嫌い！そのための努力もおしまないので、「ナンバーワンをとるぞ！」という宣言どおり、トップまでのぼりつめるはずだよ。素直に感情を出すので、泣いたり笑ったり……と表情豊か♡　ムカッとすることもあるけれど、イヤなできごとはすぐに忘れるから、友だちとケンカしたとしても長引かないよ。目立つことが好きだから、イベントや学校行事では主役を務める機会も多いはず！　熱〜いリーダーとして、これからも活躍するよ。

男の子から見たキミ
いっしょにいると楽しい子

ストレートに「好き♡」という気持ちをぶつけるキミは、男の子から大人気。いっしょに盛り上がってはじけられる、最高のガールフレンドになりそう。

ラブアップひとことアドバイス

ときにはあまえたり、たよったりしてみて♪

　カラフルなアイテムを身につけると◎。注目度がアップ！

トップを目指す牡羊座さんの将来と運命

結婚

「結婚したい！」という気持ちは、そんなに強くないけれど、タイミングと直感が「GO」を出せば、すぐにでも結婚する傾向が。電撃的に結婚して、まわりの人を驚かせるかもしれないよ。結婚しても仕事は続けたいと思うタイプだから、家事と両立させながら働くキャリアウーマンになる可能性大!!

仕事

パワフルでがんばり屋さんのキミは、将来も自分の実力をバリバリ発揮できる職業で活躍しそう。なかでも、持ちまえの運動神経をいかせるスポーツ選手として世界的に有名になるかも。または、スポーツのコーチやインストラクターも◎。勝負が大好きなキミだから、楽しく働けるはず！

ハッピーのために今できること

女の子らしいしぐさを身につけておくとよさそう♪ きちんとしたマナーや、やさしい言葉づかいを心がけると、男の子がキュンとしちゃいそう！

キミのリーダーシップは、将来の仕事にいかされるはず。今のうちから意見をまとめ、ものごとをスムーズに進める力をつけておくといいかも。

"ハッピーがやってくる"といわれている、ひみつの書を授けるよ。16〜19ページをチェックしてね。キミの心にひびく言葉はどれかな？

もし悩んだときは……

つらいことがあると、そのことばかりを考えてしまいがち。少しのあいだ、考えることをやめて頭をスッキリさせてみよう。悩んでも解決しないこともある！ と割り切って。

36パターンの超あたる星占い

4/1 ▶ 4/10生まれ 華やかな牡羊座

行動力あふれる華やかな人

キミがいるだけで、まわりの空気がパッと華やかになるよ。学校では、自然にみんなの心をつかみ、中心となって動いていくことも多いんじゃないかな。あれこれ考えすぎず、「楽しそうだな」「やってみたいな」って思うことが見つかったら、すぐにでもチャレンジする行動力の持ち主。それに、困っている人を見ると放っておけないやさしい一面もあるよ。めんどうみがいいから、後輩だけでなくクラスメイトからも"お姉さん的存在"としてしたわれる傾向があるよ。

男の子から見たキミ
オープンで親しみやすい子

細かいことにこだわらず、男の子の前でも素の自分を見せるキミ。ヘンに自分を飾らずに、自然体でいるのが、男の子からの人気のひみつかも★

ラブアップひとことアドバイス

だいたんなイメチェンが効果的！変化を楽しんで

今日の占い　午後から運気アップ。友だちからの誘いはすぐにOKして。

華やかな牡羊座さんの将来と運命

結婚

家族を大切にして、愛情をたっぷり注ぐキミ。でも、やさしいだけでなく、家族のためなら厳しい一面を見せることもありそう。特に子どもの教育にはうるさくなってしまうかもしれないね。家族のこともだいじにしながら、自分みがきも忘れない、ステキなお母さんになりそうな予感♡

仕事

もともとリーダーシップをとるのがうまいキミは、会社の経営者としてバリバリ活躍しそう。チャレンジ精神が旺盛だから、新しい分野を切りひらくのも得意なはず！ いそがしいときほどやる気とガッツがわいてくるタイプだから、自分が中心に動きまわれる、自由な会社もオススメだよ。

ハッピーのために今できること

日本の文化を学ぼう。お花をいけてみたり、お母さんから和食の作りかたを習ったり……。いざというときの女子力がラッキーをよびこむよ。

好奇心を忘れないこと！ 気になる本や雑誌があったらすぐにチェックしよう。自分の"好き"をたくさん持つことが大切だよ♪

"ハッピーがやってくる"といわれている、ひみつの書を授けるよ。16～19ページをチェックしてね。キミの心にひびく言葉はどれかな？

もし悩んだときは……

自分の強みを考えてみて。友ちになくて、自分にはあるものってなんだろう？ 小さなことでもいいから、できるだけたくさん思い出して♪ 少しずつ自信をチャージしていこう。

4/11 ▶ 4/19 生まれ
大らかな牡羊座

強い信念と強運の持ち主

このタイプのキミは、自由を愛する大らかな性格。しばられることが嫌いで、自分が「コレ！」と思ったことは、まわりが反対したとしても押しとおす信念の強さがあるよ。また、強運の持ち主で、ピンチやトラブルを不思議と上手にのがれられるのも特徴なんだ！ それに加えて頭の回転も速く、勉強も得意☆ ここぞというときの本番に強いから、試験では驚くようないい点をとることも。大らかだけど、信念が強い……というギャップが、キミの魅力になっているみたい！

男の子から見たキミ
なんでもがんばる、ひたむきな子

勉強やクラブ活動、いろいろなことに全力で取りくむことができるキミ。そのひたむきさが、男の子のハートをキュンキュンさせているよ♡

ラブアップひとことアドバイス

自分の意見を主張するばかりでなく、相手の話をよく聞いてみて

 集中力が高まる日。なんでもマジメに取りくむと自信に。

大らかな牡羊座さんの将来と運命

結婚

明るくてパワフルな人と結婚して、アクティブな家庭をきずきそう。体を動かすうちにどんどん絆が深まっていくみたい♡ 家庭をだいじにしつつ、仕事もバリバリがんばるのがこのタイプ。ただ、家族のことを一番大切に思っているから、ムリのない範囲で仕事を続けていくことになりそう。

仕事

自分の意思で、グイグイとおし進められる仕事が向いているみたいだよ。キミは、ライバルが多いほど燃えるタイプだから、競争の激しい業界でもどんどん出世することができそう！ キミの信念の強さと頭のよさ、みんなをまとめる指導力をいかすなら、幼稚園や学校の先生もオススメ！

ハッピーのために今できること

今のうちから、男の子の行動をよ〜く観察しておこう。行動や表情から「なにを考えているのかな？」と推測できると、キミのモテパワーもアップ。

バラバラの意見をひとつにまとめる練習をしておくように心がけて。まわりにイヤな思いをさせないような配慮ができるようになろう！

もし悩んだときは……

"ハッピーがやってくる"といわれている、ひみつの言葉を授けるよ。16〜19ページをチェックしてね。キミの心にひびく言葉はどれかな？

「自分はどうしたいか？」をよく考えてみて。ほかの人にいろいろ意見をいわれて、迷うことがあるかもしれないけれど、気にしすぎはNG！ 自分を中心に考えてOKだよ。

36パターンの超あたる星占い

牡羊座にささぐひみつの書

敵は多ければ多いほど
おもしろい。
――勝 海舟

江戸時代末期から明治初期の武士・政治家。江戸城を無血開城した。

自分の意見をいっても、すぐにわかってくれる人は少ないかもしれない。でも、その人たちを納得させて、みんなで同じ目標に向かうことができたら、それってすばらしいことだよね。

少年よ、大志を抱け！
――クラーク博士

アメリカの教育者で、植物学・動物学の教師。今の北海道大学の初代教頭。

キミの将来の夢はなに？　大きな夢を持って、それに向かってチャレンジしてみて。キミの未来は、これからどんなふうにも広がっていくのだから。

 うれしいハプニングが起こるかも。赤いものを身につけて。

あなたは、あなたであればいい。
―― マザー・テレサ

「神の愛の宣教者会」の創立者。インドのまずしい人々のための活動を行った。

> ムリにだれかのマネをしようと思わなくていいんだよ。キミのかわりは、だれもいないんだから。

蝶はモグラではない。でも、そのことを残念がる蝶はいないだろう。
―― アルベルト・アインシュタイン

理論物理学者。1921年にノーベル物理学賞を受賞した。

> ありのままの自分を受け入れよう。そうしたら、明るく、前向きにあしたをすごせるはずだよ。

逃げた者は、もう一度戦える。
―― デモステネス

古代ギリシャの政治家・雄弁家。アテナイの自立を守るために活動した。

> かべにぶつかったらムリに乗りこえようとせずに、ときにはあきらめることもだいじ。またいつかチャンスはくるはずだから。

幸福は伝染するものだ。もし幸福になろうと思うなら、幸福な人々のなかで生きたまえ。

——スタンダール

フランスの小説家。実際に起きた事件をもとに書いた小説『赤と黒』が有名。

気分がブルーになったときは、明るく元気な人とお話ししてみよう。自然とキミもハッピーになれるよ♪

たとえ100人の専門家が「あなたには才能がない」といったとしても、その人たち全員がまちがっているかもしれないじゃないですか。

——マリリン・モンロー

アメリカを代表する女優。トップスターとして、数々の映画に出演。

人からどういわれようと、自分の力を信じてみよう♪「自分がこうしたい」という強い気持ちがだいじ。

ラッキーデー☆　まわりの人の協力でなんでもうまくいくよ。

雨のあとは、いい日がくる。
―― フランスのことわざ

大変な日をのりこえて、ハッピーな日がくるんだ♪ 雨がふって、地面がかたまる。つらいことも悲しいことも、すべてキミの成長につながるはずだよ。

持たなくてもいい重い荷物を、だれにたのまれもしないのに、一生懸命ぶらさげていないか。
―― 中村天風

日本の思想家・実業家。日本にはじめてヨガを伝えた。

責任感が強いのはいいことだけれど、がんばりすぎかもしれないよ。肩の力を、ふっとぬいてみて。

人生は楽ではない。そこがおもしろいとしておく。
―― 武者小路実篤

日本の小説家・詩人・劇作家・画家。文学雑誌「白樺」を創刊した。

楽しい日があれば、ちょっと悲しい日もある。その日々の変化を楽しむことができたら、キミはもうおとなといえるかも！

4/20 ▶ 4/30生まれ
思いやりあふれる牡牛座

人にトコトンやさしい人気者

このタイプのキミは、美しいものや楽しいことが大好きで、幅広い趣味を持つ傾向があるんだ。「いろいろなことを知りたい！」っていう気持ちが強いから、話題も豊富。「話していておもしろい」と思ってもらえるタイプだよ。そして、女の子らしい思いやりにあふれていて、まわりの人の心をやさしく包みこむキミは、クラスやグループのなかで、自然と「お世話役」を任されることが多いんじゃないかな？ お母さんのようなやさしさと愛情で、みんなから愛されるキャラクターだね♪

男の子から見たキミ
手がなかなか届かない、あこがれの子

キミはみんなのアイドルだから、「アタックしても、どうせムリかも……」って思われちゃうかも。わざとひとりでいる時間を作ってみるとよさそう！

ラブアップひとことアドバイス

完ぺきじゃない
すがたを
見せてみよう！

 友だちと楽しく盛り上がる日。おもしろい話を聞けるかも。

思いやりあふれる牡牛座さんの将来と運命

結婚

料理が得意で家庭的……そんなキミは、男の子からモテモテ！ お嫁さんになってほしい女の子第1位ともいえるので、早いうちに結婚する可能性が高め。家族をとても大切にするステキな奥さまになりそう♡ 子どもが生まれてからも、いいお母さんとして、子どもにたくさんの愛情を注ぐよ。

仕事

「美」に対する感性がとてもビンカン！ 美しいものにふれるだけでテンションが上がるキミは、メイクアップアーティストなど、女の子をかわいくするお手伝いが向いていそう☆ 自分で会社を作ったりするよりは、尊敬できる人の近くで修業をつんで、多くの「美」にふれているほうがいいみたい。

ハッピーのために今できること

将来有望な男の子からプロポーズされる可能性があるけど、決断がちょっぴりおそめだから、チャンスをのがしやすいかも。決断力を養っておいて！

今持っている美的センスをもっとみがきあげていこう！ 美術館や各地の展覧会をめぐり、たくさんの芸術品にふれておくといいよ♪

もし悩んだときは……

"ハッピーがやってくる"といわれている、ひみつの言葉を授けるよ。26〜29ページをチェックしてね。キミの心にひびく言葉はどれかな？

新しい出会いを求めて、いろいろなところに出かけてみるのはどう？ 自分の心にヒヒヒッとくるものに出会うと、新しい自分が見えてくるよ。どんどん外に出て新しい空気を吸って！

5/1 ▶ 5/10生まれ
知的で女の子らしい牡牛座

成績優秀！友だち思いのやさしい人

女の子らしさと知的さを兼ね備えているのがキミの魅力♪ 一見、天然キャラのように見られることが多いけれど、勉強やスポーツでは、バツグンの集中力で好成績をおさめているはず。いうべきことはハッキリと主張するから、クラスのなかでは学級委員長的なまとめ役を任されることが多いかもしれないね！また、友だちとのおつき合いが上手なのも大きな特徴。相手の気持ちを読みとって、それに合った行動ができるから、だれとでもうまくおつき合いしていくことができるはずだよ。

男の子から見たキミ
彼女にしたい子、ナンバーワン♡

やさしくて気配り上手。でも、こぞというときにしっかりとした態度をとれるキミは、男の子から「おつき合いするならこの子」と思われているはず☆

ラブアップ ひとこと アドバイス

一途で熱～い気持ちを、勢いよくぶつけてみて☆

 きょうは少し髪型を変えるとラッキー☆恋愛運がアップ！

知的で女の子らしい牡牛座さんの将来と運命

結婚

結婚すると、「しっかり者」の部分が強くなるよ！ 独身のころは、どこかふんわりした雰囲気があったキミも、家庭を切り盛りする豪快なお嫁さんになるみたい。夫や子どもに、愛情をこめたお弁当を毎日作ってあげるでしょう♪ 細やかな気づかいができる、よき家庭人になれるよ！

仕事

キミは「衣食住」に縁が深いみたい。パティシエやインテリアコーディネーター、建築家や洋服のデザイナーなどとしてバリバリ活躍しそう☆ そのなかでも、特に食品関係にツキがあるから、気になるスイーツなどはチェックしておくといいかも。キミだけのセンスで、ヒット商品を生むことができそう！

ハッピーのために今できること

今のうちから、おこづかい帳をつけて、金銭感覚を養っておくと◎。お金の使いかたを見直すことで、結婚してからのイメージがつかみやすくなるはず！

今流行っている洋服や食べ物など、トレンドをチェックしてみよう！ なぜ流行っているのかを考えるクセをつけておくことが、将来役に立つよ。

"ハッピーがやってくる"といわれている、ひみつの書を授けるよ。26〜29ページをチェックしてね。キミの心にひびく言葉はどれかな？

もし悩んだときは……

がんばりすぎるのはよくないよ。むずかしいな、つらいな、と思ったら、少し休憩して。家族や友だちなどに、ちょっとだけ相談してみてもいいかもしれないよ。

5/11 ▶ 5/20 生まれ
みんなからたよられる牡牛座

遊びも勉強もできる実力者！

このタイプのキミは、華やかな遊び心と堅実志向をバランスよく持ち合わせているよ。趣味やレジャーで友だちと思いっ切りはじけても、翌日の宿題はきっちりとこなす、というタイプだよ。また、勉強やクラブ活動では、時間はかかるけど地道に実力をのばしていく努力家さん。そんなマジメなキャラで、仲間から絶大な信頼を集めているよ！　口がかたいのも、みんなからたよりにされるポイントなのかも。親しい人にしか本音を話さない、ミステリアスな一面も魅力のひとつだよ☆

男の子から見たキミ
いつもおしゃれで、かわいい子♪

見た目以上に女の子らしくて、繊細で、守ってあげたくなるタイプ！　ただ、恋愛に慎重だからもっと積極的に恋してほしいな、って思っている可能性大☆

ラブアップひとことアドバイス

おかしを作ったり、手紙を書いたり、女の子らしいアタックが◎！

面白占い　気になる男の子と、何度も目が合ってドキドキしそう。

みんなからたよられる牡牛座さんの将来と運命

おっとりした性格だから、結婚してからもそんなに大きな変化はなさそう。自分のテリトリーにあるものを守るという意識が強いから、生活そのものをきちんと管理しようとするよ。夫の身のまわりの世話をていねいにしすぎて、"奥さん"ではなく"お母さん"になってしまう可能性も。世話もほどほどにね。

キミには美的センスばかりでなく、ビジネスのセンスもあるみたい。自分のペースでゆっくりと働くのが向いているから、自分の会社を作ったりするのも正解だよ。持ちまえのするどい金銭感覚で、会社をどんどん大きくしていけそう。心から信頼できるパートナーとも出会えて、すべてが順調に進むみたい♪

ハッピーのために今できること

いつまでも自分らしくいるために、自分みがきを忘れないで。シェイプアップのためにランニングをしたり、スイミングで体をきたえたりしておいて。

世のなかにはどんな会社があるのか、調べておくといいよ。おもしろそうな仕事があったら、どんどんリサーチしてみよう！実際に見学に行くのも◎。

"ハッピーがやってくる"といわれている、ひみつの書を授けるよ。26〜29ページをチェックしてね。キミの心にひびく言葉はどれかな？

もし悩んだときは……

キミは「刺激」よりも「安定」を求めるタイプ。ムリに新しいことにチャレンジしなくてもOK！　じっくり取りくめることをひとつ見つけるほうが、キミらしくいられるよ。

牡牛座にささぐ ひみつの書

未来は、
「今、我々がなにをなすか」
にかかっている。

——マハトマ・ガンジー

「インド建国の父」として知られる、弁護士・宗教家・政治指導者。

この瞬間の選択が、キミの人生を決めているかもしれない！　今どうするか、という選択は慎重に、だいたんに。

好奇心はいつだって、新しい道を教えてくれる。

——ウォルト・ディズニー

アメリカの映画プロデューサーで、「ミッキーマウス」の生みの親。

楽しそう！　おもしろそう！　と思うことは大切に。そこから、キミの新しい道がひらけるかもしれないから。

下着など、見えない部分もおしゃれをすると運気アップ。

決して屈するな。
決して、決して、決して！
―― ウィンストン・チャーチル ――
第二次世界大戦時のイギリスの首相。

> くやしいことがあっても、そこでおわりだなんて思わないで。ころんでも、また立ち上がればいいんだ！

大切なのはどの道を
えらぶかより、
えらんだ道をどう生きるか。
―― ブリジット・バルドー ――
フランス出身の女優・ファッションモデル・動物保護活動家。

> どんな道を進んだとしても、キミがそこで、どのようにがんばるかなんだね。

雨はひとりだけに
ふりそそぐわけではない。
―― ヘンリー・ワーズワース・ロングフェロー ――
アメリカで最も愛された詩人。代表作は「人生讃歌」など。

> つらいのはキミだけじゃないよ。みんな同じように苦しい時期があるんだ。ただ、今がキミの順番なだけ。

心のなかに夢を
しまっておく場所を
いつも空けておきなさい。

——キング牧師

アメリカの牧師で、黒人解放運動家。ノーベル平和賞受賞者。

どんなに悲しいことがあっても、キミの夢を忘れないで。その夢さえきちんと持っていれば、人生をあやまることはないよ。

人生とはおもしろいものです。
なにかひとつを手放したら、
それよりずっといいことが
やってくるものです。

——ウィリアム・サマセット・モーム

イギリスの小説家・劇作家。代表作は『月と6ペンス』など。

今持っているものを失うのはつらいし、勇気がいることだけど、一度手放せば、今以上のものが手に入るかもしれない。じつは、悪いことばかりじゃないんだよ！

毎日占い　きょうは一日笑顔を心がけると、クラスでの人気が高まるよ。

なにもマネしたくないなんて いっている人間は、なにも作れない。

—— サルバドール・ダリ

スペインの画家。シュールレアリスムの代表的な画家として知られる。

まずは自分がすごいと思う人のマネをすることから始めてみては？ それが、なにかのヒントになるかもしれないよ。

世界を動かそうと思ったら、 まず自分自身を動かせ。

—— ソクラテス

古代ギリシャの哲学者。西洋最大の哲学者のひとり。

大きいことをなしとげようと思ったら、まずは自分を変えてみて。自分から動けば、世界も少しずつ変わるかも。

あせってはいけません。 ただ、牛のように、図々しく 進んでいくのがだいじです。

—— 夏目漱石

日本の小説家・評論家・英文学者。『吾輩は猫である』など名著多数。

うまくいかないと、ついついあわてちゃうよね。そんなときこそ、ゆっくりゆっくり、一歩ずつ進もう。まわりを確かめながら、スローペースでね。

5/21 ▶ 5/31 生まれ

盛り上げ役の双子座

頭の回転が速い、器用な人

恋も勉強も、どちらも両立して結果を出せる器用さがキミの魅力！ なぜ器用なのかというと、頭を切りかえられるスイッチがあるから。自分の目標に向かって、今なにをすべきかを頭できちんと理解している人なんだ。いつもキリッとしているから、まわりからは、「かしこくて、クールな人」と思われているみたい。でも、実際にはお調子者の一面が☆ 自分から盛り上げ役を買って出ることも多そう。楽しいこと、盛り上がることを企画するのが得意だから、みんなを楽しませることを考えてみて！

男の子から見たキミ

ボーイッシュでつき合いやすい☆

女の子特有のジェラシーや、ジメッとした暗い感情を持っていないキミは、友だちとしても彼女としても、サッパリしたつき合いができるから大人気なんだ☆

↑↑ラブアップ↑↑ ひとこと アドバイス

女の子っぽいファッションで、ラブリーに！

 ドキドキな一日。気になる男の子と近づけるチャンス到来！

盛り上げ役の双子座さんの将来と運命

♡ 結婚 ♡

じつは結婚願望低めのキミ。好きな人と楽しくくらせるなら、結婚という形にこだわらなくてもいいかも……と考えているのでは？ 結婚したとしても「夫婦」というよりは、友だちに近い感覚で、いつまでも新鮮な関係でいられるみたいだよ。結婚後もおたがいに自立した生活をしそう。

✧ 仕事 ✧

毎日、たくさんの出会いがある仕事がオススメだよ！ 机に座って、同じ作業をくり返すよりは、ちがう人と話したり、いろいろな場所に出かけたりするような仕事にやりがいを感じそう。雑誌の編集をしたり、テレビ番組を作ったりする、華やかなマスコミ系の仕事が向いているみたい！

ハッピーのために今できること

結婚生活は、意外にやるべきことがたくさん！ お金の管理や家事など大変な仕事も多いので、今のうちから積極的にお手伝いをしておいてね☆

社会に出てから、早いうちに才能を開花させるためか、少し自信過剰になりやすいのが玉にキズ。まわりの人の理解や協力に感謝の気持ちを持って。

"ハッピーがやってくる"といわれている、ひみつの言葉を授けるよ。36〜39ページをチェックしてね。キミの心にひびく言葉はどれかな？

もし悩んだときは……

「また余計なことをいっちゃった……」と、自分のダメな部分ばかり目につくこともあるかもしれない。でもそれは、ステキなおとなになるために必要な過程だから落ちこまないで♪

6/1 ▶ 6/10生まれ
カリスマ的存在の双子座

流行にビンカンなおしゃれガール♥

この時期に生まれたキミは、知性と華やかなオーラの持ち主だよ。キミの話はとても理論的で、センスにあふれているため、聞く人をひきつけてやまないの♪ また、流行にビンカンなのも、このタイプの人の特徴。特にファッションには人一倍気をつかっているはず。だれよりも早く新しいアイテムを試したり、流行しているグッズを買ったりするから、友だちからは一目置かれている様子。女の子だけでなく、男の子からも"ファッションリーダー"として認められているよ☆

男の子から見たキミ
モテモテだから、近づくのがこわいなぁ……

男の子からの人気が高く、ボーイフレンドの数もちょっぴり多めのキミ。男の子は、「自分は本命？それとも……？」とヤキモキしちゃうみたい！

ラブアップひとことアドバイス

好きな男の子には、思い切って「好き！」と笑顔で伝えて

家族のお手伝いを積極的にすると、ごほうびがもらえそう。

カリスマ的存在の双子座さんの将来と運命

 結婚

結婚は早いかおそいかのどちらか。運命の人と思う相手がいたら、迷いなく結婚しそう！ 結婚後も仕事を続けながら、家庭と仕事を上手に両立していくことができそう。サッパリ＆クールな夫婦になりそうな予感☆でも、子どもが生まれると教育熱心なお母さんに変身して、子どもをサポートしていくよ！

 仕事

自分の好きなファッションに関係する仕事が◎。アパレル店員や、ファッションブランドの広報や販売が向いているよ！ それに語学能力もすぐれているから、通訳や翻訳者なども適職。その場に合った対応をすることができるので、どんな会社にいたとしても大切なポジションを任せてもらえるよ。

ハッピーのためにできること

家事なんてめんどう……という気持ちがあるかもしれないけど、料理やそうじなどを楽しみながらできるように少しずつ練習しておこう。

センスと勢いでなんとかやっていけそうだけど、持続力をプラスしてあげるともっといいかも！ なにかひとつのことを長く続けてみて。

"ハッピーがやってくる"といわれている、ひみつの香を授けるよ。 36〜39ページをチェックしてね。キミの心にひびく言葉はどれかな？

もし悩んだときは……

まわりからは元気と思われていても、じつは悩んでいる……ってこともあるよね。たまには「つらい」「落ちこんでいる」という気持ちを外に出してもいいんだよ。

6/11 ▶ 6/21 生まれ
マイペースな双子座

クールで個性的な一匹狼キャラ

このタイプの人は、クールなキャラと個性的な考えかたで周囲の注目を集めるよ♪ だれも思いつかないアイデアを披露し、友だちや先生を驚かすこともあるんだ。また、勉強時間は少なめなのに、成績はいつも上位！ ポイントをつかむのが上手だから、あっという間に勉強のコツがわかっちゃうんだね。友だち関係では、だれとでもサッパリつき合う傾向が。特定のグループには入らず、一匹狼をつらぬくよ。マイペースで自由、おまけに人とちがったことを愛する個性が◎。

男の子から見たキミ
一風変わった、ミステリアスな子！

発言や考えかたがおとなっぽいな、と思っているみたい。友だちには相談できないことも、キミにだけはこっそり相談してくれるかも！

ラブアップひとことアドバイス

男の子と話すときは、相手の目を見つめて♡

毎日占い　ダラダラとすごすのは×。きょうは積極的に外出しよう。

マイペースな双子座さんの将来と運命

キミと同じくらい頭がよくて、話題が豊富な男性とゴールインしそう☆ 相手もキミと同じく一匹狼タイプだから、おたがいナチュラルにつき合えるみたい。ただ、ふたりともレジャーや自分みがきなどの楽しいことにお金をパーッと使うクセがあるから、家計はいつもピンチかも……（汗）。

IT関係の仕事やグラフィックデザイナーなど、パソコンを使いこなす仕事がオススメ。自分が持っているイメージを、ソフトやアプリを使って実現させていく力があるよ。また、人の前に立ってバリバリ進めていくよりは、サブリーダーとして、リーダーをうまくフォローする役回りのほうが向いているよ。

ハッピーのために今できること

お金の管理ができるようにしておくといいよ。まずはおこづかい帳をつけるところから！ 決められたおこづかいのなかでやりくりできるようになろう。

最新のタブレットやデジタル機器の使いかたを覚えておくといいかも♪ 美的センスをみがくために、絵や文章をかく練習をすれば役に立つはずだよ。

"ハッピーがやってくる"といわれている、ひみつの言葉を授けるよ。36〜39ページをチェックしてね。キミの心にひびく言葉はどれかな？

もし悩んだときは……

とにかくハッピーなできごとを思い起こしてみて。友だちと大爆笑した、いっしょに遊びに行った、など小さなことでもOK！ キミの暗い部分を吹き飛ばしてくれるよ。

36パターンの超あたる星占い

双子座にささぐひみつの書

覚えていて悲しんでいるよりも、忘れていてほほえんでいるほうがいい。
——クリスティーナ・ロセッティ

イギリスの詩人・画家。画家たちの作品のモデルも務めていた。

> イヤなことをずっと覚えているのって、ちょっとつらいよね。いっそ、忘れちゃってもいいんじゃない？ リセットして、ハッピーになったほうが得だよ。

その川をたどりなさい。そうすればやがて海にたどりつく。
——インドのことわざ

> 「今やってることって意味があるのかな？」そう思うこともあるよね。でも、自分の道を信じて前に進んでいけば、かならずなにかの成果はでるもの。

 なくしたものが見つかりそう！ あきらめずによく捜して。

この地上では、なすべきことがとても多い……急げ！
——ベートーヴェン

ドイツの作曲家。耳が聞こえなくなったあとも、多くの曲を作った。

> キミが夢をかなえるためには、やらなくちゃならないことがたくさん！ 勉強も遊びもたくさん経験してほしいから、時間を大切にしていこうね。

弱い者ほど相手をゆるすことができない。ゆるすということは、強さの証だ。
——マハトマ・ガンジー

「インド建国の父」として知られる、弁護士・宗教家・政治指導者。

> 心が強い人ほど、ほかのだれかにやさしくなれるんだ。人をゆるせるということは、キミが一歩おとなに近づいた証拠なんだよ。

必死に生きてこそ、その生涯は光を放つ。
——織田信長

戦国時代末期の武将・戦国大名。当時の三英傑のひとり。

> 毎日、やることをしっかりやってがんばれば、キミの人生はすばらしいものになるよ！

ほかのだれかではなく、自分自身の最高を目指すべきである。

—— ジュディ・ガーランド

アメリカの歌手・女優。代表作は「オズの魔法使い」。

> どうしても人とくらべてしまうけど、くらべる相手はほかの人じゃなく、キミ自身！ そう思ったら、人生が楽しくなるよね。

じっくり考えろ。しかし、行動するときがきたなら、考えるのをやめて、進め。

—— ナポレオン・ボナパルト

革命期のフランスの軍人・政治家。フランス第一帝政の皇帝に即位。

> 自分の頭で考えることはとても大切。だけど、「ここだ！」と思ったときにパッと動けるように準備しておこう。そして、動くときがきたらすぐに行動しよう。

友だちがキミの恋に協力してくれそう。ステキな一日に。

将来についてわかっている唯一のことは、今とはちがうということだ。

——ピーター・ドラッカー

オーストリア出身でアメリカの経営学者。現代経営学、マネジメントの提唱者。

未来のことなんて、だれもわからない。だからこそ、考えすぎることなく、今を全力で生きよう。

遊ぶって、人生をやっていくためには絶対必要よ。

——ダイナ・ショア

アメリカの歌手・女優。テレビ番組で人気を博した。

勉強にクラブ活動、習いごと……毎日やることがたくさんあるよね。いそがしいと思うけど、キミが好きなことをやる時間もだいじにして♪ なにも考えずにはしゃぐ時間って、楽しいよ！

薬を10錠飲むよりも、心から笑ったほうがずっと効果があるはず。

——アンネ・フランク

ユダヤ系ドイツ人の少女。世界中で翻訳された『アンネの日記』の著者。

キミを元気にしてくれるのは、薬じゃない。最高の友だちや仲間と、思いっ切り笑うこと！ それが、元気の源。

36パターンの超あたる星占い

6/22 ▶ 6/30生まれ
愛嬌たっぷりな蟹座

感受性が豊かで人気もバツグン！

このタイプは、相手の気持ちをビンカンに読みとることができるとてもやさしい人。めんどうみもよく、周囲からの人気もバツグンで、友だちから悩みの相談を受けることも多いはず。また、おかし作りや手芸など、女の子らしい趣味を好む家庭的なタイプ。男の子とふたりきりでおしゃべりするのはニガテだけど、ひそかにモテ度は高そう♡　身近なところにキミを好きな男の子がいるのでは？　ちょっぴり気まぐれなところもあるけど、持ちまえの愛嬌でゆるしてもらえちゃう得なタイプだよ！

男の子から見たキミ
こんな女の子と結婚したい！

困っている友だちに「だいじょうぶ？」と手を差しのべるキミのやさしさを見て、男の子は、「将来、お嫁さんにしたい」と好印象を抱いているよ！

ラブアップひとことアドバイス

もっと男の子に積極的に話しかけてみて

おだやかな一日。お気に入りの音楽を聞くと幸運が訪れるよ。

愛嬌たっぷりな蟹座さんの将来と運命

キミは小さいころから、幸せな花嫁さんにあこがれているのでは？　そのため、恋愛は結婚とセットにして考えるタイプ。「この人はやさしいだんなさんになるかな？」という基準で理想の恋の相手を見つけて、電撃結婚しそう。結婚後は、やさしい夫と子どもたちに囲まれて、安定した家庭をきずくよ。

やさしさにあふれて、だれからも好かれるキミには、人とふれ合う仕事が向いているよ。また、守護星・月の影響を受けて、人気運にもめぐまれているので、歌手やタレントとして、芸能界で大成功する可能性も！　持って生まれたチャーミングさをいかせば、きっと人気者になれるはず♪

ハッピーのために今できること

若いうちから結婚を意識して相手をえらぶので、ガードがかたく、男の子を見る目が厳しめ。いろいろな男の子とたくさんおしゃべりしてみてね。

ふだんから「ありがとう」と口に出していうように心がけよう。どんな職場でも愛されるキミだけど、それが当然と思わず感謝の気持ちを忘れずに！

"ハッピーがやってくる"といわれている、ひみつの言葉を授けるよ。46〜49ページをチェックしてね。キミの心にひびく言葉はどれかな？

もし悩んだときは……

人の気持ちにビンカンなだけに、他人がイヤがることも引き受けてしまうところが。ひとりで抱えこむ前に、まわりを見てみて。きっとだれかが、手をかしてくれるよ！

7/1 ▶ 7/10生まれ
リーダータイプの蟹座

洞察力のあるリーダー的存在

深い洞察力にめぐまれているのが、このタイプのキミ。ものごとを的確に判断できるから、クラスではリーダー的存在として一目置かれているのでは？　学級委員を務めている人も多そう。また、一見、クールな雰囲気に見えるけれど、じつは心のなかは情熱でいっぱい！　クラブ活動や学校のイベントでは、だれよりも真剣に取りくんでがんばるよ。クリエイティブな才能があるのもこのタイプの特徴で、歌やダンスで自分の気持ちを自由に表現したり、芸術系の科目が得意だったりするよ。

男の子から見たキミ
思わぬギャップにドキッ！

ふだんはクールでものしずかだけど、なかよくなった相手にはおちゃめな面を見せるキミ。そのギャップにノックアウトされる男の子も多そう！

ラブアップひとことアドバイス

たまには、まわりの男の子に、心を開いて

外出は午後からがよさそう。ラッキーなことが起こる予感。

リーダータイプの蟹座さんの将来と運命

♡ 結婚 ♡

このタイプの蟹座さんにとって、結婚は人生の最大のテーマのひとつ。幸せな家庭を夢見て、学生時代から結婚を意識した相手をえらぶタイプだよ。お金にもしっかりしているから、結婚してからも仕事を続ける人が多そう。家庭を守りながら、マイホームや家族旅行のために一生懸命働くよ！

◇ 仕事 ◇

よく気がついて、どんな状況でもテキパキと動けるキミ。器用で、慈悲深い性格だから、看護師がピッタリ。強い責任感と、ハードな仕事もこなせるタフさも持ち合わせているので、心配ご無用。自分の親切を心からよろこんでくれる人がいる……その状況に、きっと充実感が得られるはず！

⬇ ハッピーのために今できること ⬇

なにごともひとりでテキパキこなせるけれど、ときには肩の力をぬいて男の子にたよってみて。協力してやりとげるよろこびを知ることも大切だよ。

「本人の力でやるべきことは手助けしない」など、本当に相手のためになるやさしさを身につけておこう。将来は、成功と人望の両方にめぐまれるよ！

もし悩んだときは……

"ハッピーがやってくる"といわれている、ひみつの書を授けるよ。46〜49ページをチェックしてね。キミの心にひびく言葉はどれかな？

器用なキミが、「わたしにはムリ！」という壁にぶちあたったときには、まずは深呼吸してみて。一歩一歩、着実な努力をかさねてきたキミなら、落ち着けはきっとのりこえられるよ。

43　36パターンの超あたる星占い

7/11 ▶ 7/22 生まれ
サービス精神旺盛な蟹座

細やかな思いやりの持ち主

蟹座のなかで最も温かいハートを持っているキミ。困っている人を放っておけない性格で、いつもだれかの世話を焼いている「お姉さん」タイプです。また、人をよろこばせるのが大好きで、学校行事などのイベントでは、サービス精神を発揮するんだ。よく笑い、よく泣き、感情を表に出すのもこのタイプの特徴で、周囲にはちょっぴりデリケートな印象をあたえることもありそう！詩や絵画などの創作で豊かなセンスを見せるアーティスティックな才能にもめぐまれているよ。

男のコから見たキミ
いっしょにいるといやされる存在

悩んでいるとやさしい言葉をかけてくれたり、さりげないフォローをしてくれたりするキミはクラスでもモテモテ！ ただし、おせっかい発言には気をつけて！

ラブアップひとことアドバイス

だいたんに恋するキミも見せてみて

★毎日占い★ ラブ運急上昇！ 気になるカレから話しかけられてドキドキ。

サービス精神旺盛な蟹座さんのと

♡ 恋愛 ♡

人のためになにかをしてあげたい気持ちが強いので、結婚に向いているよ！　だれよりも早く結婚してまわりの友だちを驚かせそう。家族をサポートすることにもよろこびを感じるから、結婚後は家庭をしっかり守るよ。やや嫉妬深いところがあるので、悪い妄想をふくらませないように注意して。

✧ 仕事 ✧

器用でなにかを工夫することが大好きなキミ。特に衣食住など、家庭的な分野でユニークな発想をいかせそう。子どもが好きでめんどうみもよいので、保育士さんが向いているよ。また、細かい部分までよく気がつくから、お客さまをもてなす接客業もオススメ。人とのふれ合いが多い仕事をえらんでね。

ハッピーのために今できること

ちょっぴり思いこみが激しく、悪いほうに考えがちなキミ。勝手な思いこみで自分から恋にピリオドを打つことも……。冷静な判断を心がけよう。

人とのつながりを上手にいかしていくタイプ。クラブ活動や委員会など、新しい友だちを増やすチャンスをのがさないようにしてね！

もし悩んだときは……

基本的に人つき合いが上手なキミだけど、友だちとケンカをすると、あやまるタイミングをのがしてしまい、長引きがち。意地を張らず、素直に自分からあやまってみて。

"ハッピーがやってくる"といわれている、ひみつの書を授けるよ。46～49ページをチェックしてね。キミの心にひびく言葉はどれかな？

蟹座にささぐ ひみつの書

正直であることは立派なこと。しかし正しくあることもだいじだ。

――ウィンストン・チャーチル

第二次世界大戦時のイギリスの首相。

自分の気持ちに、いつだって素直でいよう。もしちょっと考える余裕があったら、その気持ちが正しいかどうかも見極められると、もっといいね。

止まりさえしなければ、どんなにゆっくりでも進めばよい。

――孔子

春秋時代に生まれた中国の思想家・哲学者。儒家の始祖。

ゆっくりだって、時間がかかったって、少しずつ進んでいればいいんだよ。キミにとって、「進むこと」が一番だいじなんだ。

 やる気アップ！　射手座の友だちとおしゃべりすると◎。

準備しておこう。チャンスはいつか訪れるものだ。

——エイブラハム・リンカーン

第16代アメリカ大統領。「最も偉大な大統領」といわれるひとり。

> キミをハッピーにしてくれるものは、すぐ近くで待っているかも！ それをかならず手にするために、心の準備をしておこう。

偉業は一時的な衝動でなされるものではなく、小さなことのつみかさねによってなしとげられるのだ。

——フィンセント・ファン・ゴッホ

オランダ出身の画家。20世紀の美術に大きな影響を及ぼした名画家のひとり。

> 毎日努力するのって、大変なこと。でも、それが続けられたら、将来きっとすばらしい人になれるよ。

急がずに、だが休まずに。

——ゲーテ

『若きウェルテルの悩み』『ファウスト』などを執筆した、ドイツを代表する文豪。

> あせる気持ちは、キミが成長しようとしている証拠。でも根気強くあることのほうが、もっと成長するパワーになるんだ。

勇敢に進みなさい。
そうすれば
すべてはうまくゆくでしょう。

―― ジャンヌ・ダルク

15世紀フランスで、軍を率いてイギリスと戦いイギリス軍を破った少女。

> 失敗したとしても、ちょっとうまくいかなくてもだいじょうぶ。
> キミが自分でえらんだ道は、絶対に正しい道だから。

人に親切をするのに
見返りを求めちゃダメ。
あなただって、
お返しができない親切を、
これからたくさん受けるんだから。

―― ダイアナ皇太子妃

イギリスの皇太子チャールズの最初の妃。

> これからの人生のなかで、たくさんの人がキミを助けたり、支えたりしてくれるよ。だから、みんなからもらった"親切"を、少し友だちにわけてあげよう。

早めの行動がカギ。やるべきことはお昼前にすませて。

下を向いていたら、虹を見つけることはできないよ。

――チャールズ・チャップリン

数多くの傑作コメディ映画を作り上げた、イギリス出身の映画監督・俳優。

> つらいことがあったときは、あえて上を見てみよう。空を見上げれば、きっと楽しいことが頭に浮かんでくるから。

心に愛がある女性は、つねに成功する。

――ヴィッキ・バウム

オーストリアの女性作家。代表作は『グランド・ホテル』。

> だれかを好きになる気持ちを大切にしよう。恋する気持ちは、すべてのやる気につながるから。

困難のなかにこそ、チャンスがある。

――アルベルト・アインシュタイン

理論物理学者。1921年にノーベル物理学賞を受賞した。

> うまくいかないな、と思ったときがチャンス！ そこから、新しい道が見つかるかもしれないよ。

7/23 ▶ 7/31 生まれ
パワフルで華やかな 獅子座

思いやりのある熱血リーダー

太陽を守護星に持ち、そのパワーを強く受けているキミ。すべての生き物に光をあたえる太陽のように、まわりを圧倒する華やかなキャラクターの持ち主だから、クラスでもリーダー的存在の人が多そう♪　ほかのだれにも影響されることのない"一匹狼"的なスタイルを確立している人も。いつも自分の意見をハッキリいうことができるから、気が強いと思われがちだけど、心のなかには温かい思いやりを秘めているよ。意外と涙もろく、困っている人を見つけると放っておけない人情派！

男の子から見たキミ
年下BOYのあこがれの存在

サッパリした性格で、めんどうみのよさもバツグン。そんなキミを「カッコよくてクールだな〜！」としたっている年下の男の子がたくさんいそう！

ラブアップひとことアドバイス

困ったときは、まわりの人をたよってみて

 思いついたことはすぐ実行！　おそくなるとやる気ダウン。

パワフルで華やかな獅子座さんの将来と運命

♡ 恋愛 ♡

結婚についてはかなりの現実派。恋愛では友だちから「いいなぁ」とうらやましがられるようなカッコいい相手をえらぶけれど、結婚を考えると、見た目だけでなく、浮気をしないか、経済的に安定しているか……など、相手を分析するよ。その結果、誠実でやさしいパートナーをゲットできるんだ！

✧ 仕事 ✧

華やかな職業に縁があるのが、この獅子座さんの特徴。人から注目されるのが大好きだから、タレントやモデル、女性アナウンサーなど、人前に出る仕事を目指すのもオススメ。ライバルが多ければ多いほど燃えてがんばれるキミなら、競争の激しい芸能界でも負けずに勝ち上がっていけそう！

ハッピーのためにキミができること

エリートをねらうのもいいけれど、条件だけで相手をえらぶと後悔する可能性も。今から男の子の内面をしっかり見極める目を養って。

まわりから注目をあびることで才能が花開くキミ。運動会などの学校のイベントには積極的に参加して、キミの活躍をみんなに見てもらおう！

"ハッピーがやってくる"といわれている、ひみつの言葉を授けるよ。56〜59ページをチェックしてね。キミの心にひびく言葉はどれかな？

もし悩んだときは……

キミが落ちこむのは、「認めてもらえない」と思いこんでいるとき。コツコツとがんばっているすがたは、きっとだれかが見ているはず。報われないなんて思わず自信を持って！

8/1 ▶ 8/11 生まれ
正義感が強い獅子座

正義感が強いしっかり者！

獅子座が持っている行動力に加えて、知性にもめぐまれているのがこのタイプ。なにごとも冷静に判断し、ムダのないやりかたで進めることができるから、まわりの友だちからは「クールでかしこい人」と信頼されているよ。また、正義感がとても強く、曲がったことや弱い者いじめが大嫌い！　もしいじめを見かけたら、だまっていられずハッキリと注意できる人です。その誠実さを買われて、学級委員長やクラブの部長としても活躍しそう。クラスのみんなから信頼される"熱血リーダー"だね！

男の子から見たキミ
みんなのあこがれの「高嶺の花」

おとなっぽく、優等生オーラいっぱいのキミは、ちょっぴり近寄りがたいマドンナ的存在。もっと親しくなりたい……そう思っている子がたくさんいるよ！

ラブアップひとことアドバイス

肩の力をぬいて、親しみやすさをアピールして！

 友だちと自分をくらべると運気ダウン。マイペースが一番。

正義感が強い獅子座さんの将来と運命

 恋愛

利口で早熟なキミは、落ち着いた年上の男性との相性がピッタリ！　上司からの紹介や、お見合いで理想の人にめぐり合える可能性が高そう。結婚しても、家庭と仕事を上手に両立できる人です。家庭でもリーダーシップを発揮して、家族を支えながら、バリバリ働くママになれるよ♪

 仕事

仕事に対しても責任感が強く、かなりの努力家。持って生まれたリーダー気質がいかせる学校の先生などが向いているよ。生徒ひとりひとりを大切にする思いやりのある先生として、生徒から信頼されそう。また、競争の激しい世界でも出世できる強いパワーを持っているから、会社を立ち上げるのもオススメ。

ハッピーのために今できること

恋愛でもつねに主導権をにぎっていたいタイプ。自分の思うように行動してワガママと思われないよう、男の子の気持ちに耳をかたむけることが大切。

なんでもテキパキこなせるけど、ひとりで突っ走ってしまうことも。ほかの人はどう思っているか、まわりの意見を確認するクセをつけよう。

 もし悩んだときは……

なんでも器用にこなせるだけに、たった一度の失敗をとことん引きずるタイプ。「もう同じ失敗はしない！」と声に出して宣言することで、過去の失敗を忘れよう。

"ハッピーがやってくる"といわれている、ひみつの書を授けるよ。56～59ページをチェックしてね。キミの心にひびく言葉はどれかな？

8/12 ▶ 8/22生まれ

ボーイッシュな獅子座

情熱的でつねに前を向いている人

獅子座のなかでも、特に情熱的で独立心が強いキミ。一度自分で決めたことは、どんな困難がつきまとっても、あきらめずにやりとげられるよ。また、「クヨクヨ悩むよりは動いていたい」タイプだから、つねに目標に向かって前進！　クラスでは「しっかり者のお姉さん」キャラとして、たよられる存在になりそう。サッパリした性格なので、男の子の友だちもいっぱい！　身体能力が高く、スタイルのいい人が多いのも特徴だよ。ダンスや演劇にトライすると、自分でも気づかなかった才能が花開きそう♪

男の子から見たキミ
話しやすさナンバーワン！

どんなタイプの男の子も、いったんキミとなかよくなると、その明るさと親しみやすさに魅了されそう。「クラスで一番話しやすい女の子」として、人気者だよ！

ラブアップひとことアドバイス

ガーリーファッションで、キュートにきめてみて！

今日の占い　勉強をがんばりたい日。ニガテ科目に取りくむといいよ！

♡ 恋愛 ♡

キミはいろいろなタイプの男の子となかよくなれて、恋愛も自分の思うように進めることができる人。結婚は、いっしょにいておたがいを高め合える相手がピッタリだよ。結婚後も、アクティブなところは変わらないから、趣味や習いごとなど、外の世界に活躍の場を作ると、より充実した毎日を送れるはず！

✧ 仕事 ✧

仕事のための努力をおしまないとってもマジメなタイプ。がんばった成果が目に見えやすい職業をえらぶと成功しやすく、数字で成績があらわれる営業職や、スポーツ選手などが向いているよ。リーダーとしてのカリスマ性もあるから、将来は大出世して、人を指導する職業につく可能性も高そう。

ハッピーのために今できること

相手がなにを考えているのかを意識してみよう。「わたしはこうしたいけど、キミはどうしたい？」と相手の気持ちを聞くクセをつけて。

「次のテストで90点以上をとる！」など、高い目標を立て、クリアしてみよう。やりとげた！　というよろこびを知っておくと◎。

もし悩んだときは……

いつでもナンバーワンになりたいキミは、ライバル意識も強め。自分をだれかとくらべるクセがあり、つかれてしまうことも。人の目を気にせずに、自分のために時間を使ってね。

"ハッピーがやってくる"といわれている、ひみつの書を授けるよ。56～59ページをチェックしてね。キミの心にひびく言葉はどれかな？

獅子座にささぐ ひみつの書

人生がわかるのは、逆境のときよ。

—— ココ・シャネル

世界中で人気のファッションブランド「シャネル」の創業者。

> 「もうダメだ！」って思ったときがチャンス。そのときに、どう行動するかでそのあとのキミの道が大きく変わるから。

暗いと不平をいうよりも、あなたが進んで灯りをつけなさい。

—— マザー・テレサ

「神の愛の宣教者会」の創立者。インドのまずしい人々のための活動を行った。

> イヤなことばかりだと、ついついグチをいいたくなっちゃうよね。でもそれだけでは、なにも変わらない。今を変えるためにちょっぴり行動するほうがいいよ。

 平和な一日。本を読んだりして、ゆっくりすごして。

友情はよろこびを２倍にし、悲しみを半分にする。

——フリードリッヒ・フォン・シラー

ドイツの詩人・劇作家。ベートーヴェンが愛した作家としても知られる。

悲しいこともうれしいことも、友だちと共有しよう。そうすれば、悲しいことは半分になって、うれしいことは２倍になるから！

座ったままでは、ときの砂浜に足跡は刻まれない。

——イギリスのことわざ

思い立ったら、すぐ行動してみよう！ 勇気を出して行動したら、きっとなにかが変わるから。

人生は、のんきな楽しい休日でも、気のきいたことが記されている書物でもありません。

——フローレンス・ナイチンゲール

イギリスの看護師で、近代看護教育の生みの親。

人生は、だれかに答えを教わったり、楽してえられるものはない。自分で切り開いていくものだよ。

> チャンスなんて、そうたびたび
> めぐってくるものではないわ。
> だから、いざめぐってきたら、
> とにかく自分のものにすることよ。
>
> ——オードリー・ヘップバーン

アメリカのハリウッド黄金時代に数々の作品に出演した、ベルギー出身の大女優。

人生が変わるほどのチャンスが、これからきっとやってくる！キミがすべきことは、そのチャンスをかならずつかむこと。いつかくるチャンスにそなえて、準備しておくことも大切だよ。

> わたしの今までの生涯には、
> 晴れた日も曇った日もあった。
> けれども、すべては
> 自分のためになったのである。
>
> ——ハンス・クリスチャン・アンデルセン

デンマークの童話作家。代表作は『マッチ売りの少女』『人魚姫』など。

つらいことがあった日も、うれしいことがあった日も、キミにとっては大切な一日なんだ。どんな日だって、あとから考えれば、ムダではないんだね。

だれに対してもやさしくしよう。うれしい一日になりそう。

あすなさねばならないことは、きょうじゅうになせ。

―― ベンジャミン・フランクリン

アメリカの独立に貢献した政治家・外交官・著述家・物理学者・気象学者。

> 時間は貴重なもの。あしたやるべきことはきょうのうちに。そうすればより多くのことができるようになるよ。

活用なき学問は、無学に等し。

―― 福沢諭吉

江戸時代末期から明治初期の洋学者。慶應義塾大学を創設した。

> 学校で勉強したことは、ただ覚えるだけでなく、これからどうやっていかしていくかがだいじ！

光のなかをひとりで歩むよりも闇のなかを友人とともに歩むほうがいい。

―― ヘレン・ケラー

視覚、聴覚に障害を持ちながらも、障害者教育につくしたアメリカの社会福祉活動家。

> めぐまれた道をひとりで孤独に歩くより、苦しくても友だちといっしょにいるほうがいい。友だちといっしょにいられれば、力を合わせてのりこえられるからね。

8/23 ▶ 9/1 生まれ 個性的な乙女座

独自の感性を持つ、個性的な人

乙女座らしい女の子らしさと、聡明さをあわせ持ったタイプ。まわりの友だちとはちがったユニークな好みや意見を持っているから、本人に自覚はなくても「個性的な人」と一目置かれているよ。頭の回転が速く、話しかたも知的。また、コンピューターにも強いので、男の子とも趣味の話で盛り上がることができそう。清潔好きで、自分の部屋や机の上をきれいに整とんしているのも特徴です。数字に強く、細かい作業もミスなくこなせるから、クラスや委員会では、書記や会計係に立候補してみて！

男の子から見たキミ
乙女チックな雰囲気にメロメロ！

かれんで女の子らしいキミは、男の子からの人気もかなり高そう。話してみると意外にも男の子と趣味が合う……なんてギャップにもドキッとされるよ！

ラブアップひとことアドバイス

もっと肩の力をぬいてみて！

 はっきり決まっていないことは、まだ話さないほうが◎。

個性的な乙女座さんの将来と運命

結婚にロマンチックな夢を抱いているか、逆に超現実的なイメージを持っているか、その人によって両極端なのがこのタイプの特徴。どちらのタイプでも、自分の夢や目標に向かってまい進できるパートナーを見つけられそう。好きな仕事を続けながら家庭もしっかり守る、とても器用な人だよ。

とても几帳面でまわりへの気配りも忘れないキミは、秘書や受付など、職場の調整役の仕事でおおいに力を発揮できそう。数字や計算にも強いから、経理の仕事も向いているよ。あたえられた仕事は責任を持って最後まで完ぺきにこなせるしっかり者だから、上司や同僚、取引先からの信頼も厚いはず！

ハッピーのために今できること

たよりがいのある年上の男性との相性がバツグン。目上の友だちとの縁を大切にすると、ステキな出会いがおとずれそう。

マジメな性格から、ときどきまわりの友だちにも厳しくあたりがち。自分にもまわりにも、もう少しやさしくなってもいいと思うよ。

もし悩んだときは……

細かいことまでよく気がつくだけに、ささいなことにこだわりすぎてしまうところも……。その几帳面さは大切にしつつ、少したけ大らかな気持ちを取り入れてみて。

"ハッピーがやってくる"といわれている、ひみつの書を授けるよ。66〜69ページをチェックしてね。キミの心にひびく言葉はどれかな？

36パターンの超あたる星占い

9/2 ▶ 9/11 生まれ

コツコツがんばる乙女座

冷静な観察眼を持つたよれる人

バツグンの集中力を持ち、なにごとにもコツコツと取りくめるキミ。ふだんはおとなしいけれど、学校のイベントやクラブ活動では、だれよりもがんばる努力の人として、尊敬される存在だよ。「いざというときはあの子に」と、たよりにされることも多いはず。また、乙女座のなかでも特に冷静にものごとを観察し、判断できる力があるんだ。相手の欠点も受け止められるから、だれとでもなかよくなれて友だちもたくさん！ その気さくな感じが、キミの魅力をワンランクアップさせてくれているよ。

男の子から見たキミ
ミステリアスなところが魅力的

ものしずかだけど自分の世界を持っているキミにひかれて、話しかけるチャンスをねらっている男の子が多そう。話しかけやすい雰囲気を出してみて！

ラブアップひとことアドバイス

男の子へのガードをちょっぴりゆるめて

 いつもより女の子らしい服装をするとラブ運がアップ！

コツコツがんばる乙女座さんの将来と運命

理想が高く、男の子を見る目がちょっぴり厳しめなキミ。マジメで誠実なリーダー格の男の子に恋をしやすいよ。結婚後は、家庭も仕事もこなすしっかり者になりそう。さらに、家計の切り盛りは36タイプのなかで最も上手！ コツコツとお金を貯めて、念願のマイホームを購入しそう♪

持ちまえの根気強さでものごとにコツコツ取りくみ、成功に結びつけられる人だよ。計算が得意だから、数字をあつかう会計士や、理数系の感覚が必要なエンジニアとしても活躍できそう！ 営業はややニガテだから、独立して働くよりも、大きな会社の一員として責任を果たす働きかたが向いているよ。

ハッピーのために今できること

男の子と知り合う機会は多めだけど、初対面の相手に対しては人見知りしがち。近寄りがたい印象をあたえないように、笑顔を心がけてね！

どんなときでも、落ち着いて冷静に対処できるけど、仕事をこなすためにムリをしてしまうところがあるから、勉強の合間に息をぬくことも覚えておいて。

もし悩んだときは……

"ハッピーがやってくる"といわれている、ひみつの書を授けるよ。66～69ページをチェックしてね。キミの心にひびく言葉はどれかな？

キミにとっては、失敗も大切な経験のひとつなんだ。ミスを恐れず、なにごとも思い切ってチャレンジすると世界が広がるよ。勇気を出して、新しい一歩を踏み出そう！

9/12 ▶ 9/22 生まれ
センスバツグンの乙女座

クール&温和のギャップがユニーク

クールで冷静な面と、だれにでも心を開く人なつっこい面を兼ね備えた、不思議な魅力の持ち主。ふだんはニコニコ温和だけど、宿題やテスト勉強など、やるべきことはテキパキと片づけるしっかり者です。そのギャップに、まわりの友だちはメロメロに♡ また、おしゃれでファッションセンスがいいのも特徴で、流行を取り入れつつ、自分の個性を表現するのが上手なの。周囲には華やかな印象をあたえるけれど、じつはデリケートで心配性。まわりにどう見られているか気にしすぎてしまうことも。

男の子から見たキミ
知的で清潔感のある女の子

キミの清楚な雰囲気は、男の子からの絶大な人気ポイント。かよわそうに見えて、じつはしっかり者という2つの顔に、ドキッ♡としている男の子がいっぱい。

↑ラブアップ↑ ひとことアドバイス

話しかけるときにはにこやかに♡

 午後から運気上昇。部屋のそうじをするといいことありそう。

センスバツグンの乙女座さんの将来と運命

結婚

相手の心を理解する能力が高いから、好きな男の子へのラブアタックも計画性バッチリ☆ 次はこうして、こうなって……と、一歩ずつ確実に距離を縮めていくよ。結婚後も着実にキャリアをつんで活躍しそう。家事も仕事もきっちりこなす、パーフェクトな女性になる可能性が高いよ！

仕事

初対面の人とでもなかよく話せる人なつっこさとファッションセンスをいかして、アパレルショップの店員やスタイリストの仕事はいかが？ また、医療関係にも縁が深い星座だから、看護師、薬剤師、介護士などを目指すのもオススメ。だれかの役に立つ仕事をえらべば、やりがいもアップ！

ハッピーのために今できること

男の子に対する理想が高く、欠点を見つけると急に愛が冷めてしまいがち。弱点を指摘するばかりでなく、相手の長所を認めてあげることも大切だよ。

どんな仕事でもやりとげられる器用さを持っているから、いろいろな職種に目を向けて、働く自分をじっくりシミュレートしてみて。

"ハッピーがやってくる"といわれている、ひみつの言葉を授けるよ。66～69ページをチェックしてね。キミの心にひびく言葉はどれかな？

もし悩んだときは……

まわりの人にどう思われているのか人一倍気になる繊細なキミ。他人の気持ちをいちいち想像していると心がつかれてしまうよ。人は人、自分は自分と切り離して考えて。

乙女座にささぐひみつの書

幸福をつかむことを恐れるな。
―― 武者小路実篤

日本の小説家・詩人・劇作家・画家。文学雑誌「白樺」を創刊した。

キミはもっともっとハッピーになっていいんだよ！ 自分がしたいこと、やりたいことをやって、幸せを手に入れて♪

人の世に道はひとつということはない。道は百も千も万もある。
―― 坂本龍馬

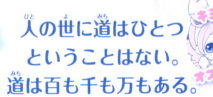

幕末の志士。江戸幕府をたおすきっかけを作った人。

どんな道をえらんだって正解！ どれが正しい道かなんて、だれにも決められないんだ。迷ったら、視野を広くもって、まわりを見回してみよう。

ラッキースポットは公園。友だちを誘って体を動かそう。

つまずきは、転落をふせいでくれる。
――イギリスのことわざ

ちょっとの失敗で落ちこまないで。小さな失敗をすれば、大きな失敗をしなくてもすむから。

あきらめずにいれば、あなたが望む、どんなことだってできるものです。
――ヘレン・ケラー

視覚、聴覚に障害を持ちながらも、障害者教育につくしたアメリカの社会福祉活動家。

投げださないで努力を続ければ、どんな目標も突破できるはず。自分で「もうムリだ」って決めつけないで！

未来は美しい夢を信じる人のためにあります。
――エレノア・ルーズベルト

第32代アメリカ大統領フランクリン・ルーズベルトの妻。

きょうがブルーな気分だったとしても、あしたはきっといい日になるよ。楽しい未来になる！　と信じてだいじょうぶ☆

決してギブアップ しないヤツを、 打ち負かすことだけは できない。

——ベーブ・ルース

「野球の神さま」といわれる、アメリカの国民的ヒーロー。

あきらめない人が、最後には勝つ！ ギブアップしなければ、気持ちが負けることはないんだから。

我々がなにかを なしとげようとしているとき、 ルールなどない。

——トーマス・エジソン

アメリカの発明家。白熱電球など多くのものを開発した「発明王」。

おわりよければすべてよし！ 成功するまでの道はボロボロだったとしても、正しいと信じた道を進むべきなんだ。

動物や植物の世話をするといい日。悩みごとが解決するよ。

だれもがスターなのよ。
みんなかがやく権利を持っている。

――マリリン・モンロー

アメリカを代表する女優。トップスターとして、数々の映画に出演。

> キミの人生の主役はキミだけ！　考えすぎないで自分が思うとおりに、したいように進んでいけばいいんだ！

幸せな人はだれでも、
ほかの人をも幸せにするでしょう。

――アンネ・フランク

ユダヤ系ドイツ人の少女。世界中で翻訳された『アンネの日記』の著者。

> キミが幸せでいれば、まわりの人も幸せな気分に。逆にいえば、幸せな人の近くにいれば、キミもいつだってハッピーでいられるっていうこと♪

天分は、持って生まれるもの。
才能は、引き出すものよ。

――ココ・シャネル

世界中で人気のファッションブランド「シャネル」の創業者。

> 自分には才能がない……なんて思わないで。これから努力すれば、いくらだって才能は花開くよ。

9/23 ▶ 10/2 生まれ
ムードメーカーな天秤座

器用で華やかな性格の持ち主

この時期生まれのキミは、とっても華やかで、魅力的な子だよ。キミがいるだけで、クラスやグループの雰囲気がパッと明るくなっちゃう！　また、正義とバランスを大切にする天秤座のなかでも、このタイプの人は特にその傾向が強いみたい。係の仕事や人からたのまれたことはきっちり片づけつつ、遊びやクラブ活動もしっかり楽しむというように、かしこく両立できるよ。ときどき見た目とはうらはらに、なにかに強いこだわりを見せてみんなに驚かれることも！

男の子から見たキミ
みんなのあこがれの子

ファッションもおしゃべりもセンス◎のキミは、男の子たちの注目の的！「できることならつき合いたい！」って思っている子がたくさんいるよ♡

ラブアップひとことアドバイス

やさしすぎるキミ……
たまには本音で
ぶつかって！

午後から運気は下り坂。きょうはひとりの時間を楽しもう。

ムードメーカーな天秤座さんの将来と運命

結婚

結婚運の強い天秤座さんは、ほかの星座より早く結婚する可能性が高いよ。でも、仕事や自分の生きがいもしっかり持っていたいキミだから、なんとかして家庭とやりたいことを両立させるはず！ 家事や子育てをパートナーと上手に分担する、現代的な夫婦関係をきずくことになるかも☆

仕事

美的感覚がすぐれているキミには、デザイナーやイラストレーターなどの、クリエイティブな仕事が向いているよ。特に、昔ながらの伝統的な分野よりも、時代を先どりするような新しい分野のほうが◎。コンピューターを使うデザインや、アート性の強いファッション業界がオススメ♪

ハッピーのために今できること

恋においては基本的に受け身で、のんびりとしているみたい。好きな人に振り向いてもらえるように、自分から積極的に動くことを心がけよう！

キミの持ちまえのセンスと器用さなら、どんな仕事でも成功できるはず。でも、ちょっぴり打たれ弱いのが弱点。今のうちに「根気」を身につけて。

もし悩んだときは……

"ハッピーがやってくる"といわれている、ひみつの書を授けるよ。76～79ページをチェックしてね。キミの心にひびく言葉はどれかな？

みんなに対して平等に、バランスよく……と思うあまり、悩むことが多いかも。たまには自分の考えや気持ちだけで決断していいんだよ。キミの心の天秤を信じてみよう♪

みんなが注目する天秤座

10/3 ▶ 10/12 生まれ

おしゃれ感度高めな平和主義者

するどい美的感覚と頭のよさを持ち合わせているキミは、どこにいてもみんなの注目を集める、「個性派」タイプ！ おしゃれにビンカンで、流行の髪型やアイテムをだれよりも早く取り入れているんじゃないかな？ そんなキミだから、友だちも多くて、クラスやグループのなかでも中心的存在だよ☆ また、この生まれの人は発想力がとっても豊か！ イラストや文章の創作などの分野で、実力を発揮できそうだよ。平和を好む性格だから、人間関係の争いごとはちょっとニガテかも。

男の子から見たキミ
なにをしてても気になる子

おしゃれでおとなっぽいキミは、男の子たちに大人気♡ 気づくとキミを目で追ってしまってる男の子がたくさんいるみたい！ 特に、年上からの人気が高いよ♪

ラブアップひとことアドバイス

優柔不断な態度は×。
本当の気持ちを伝えよう！

さびしい気分になるできごとが。動物や植物にふれると◎。

みんなが注目する天秤座さんの将来と運命

結婚

結婚しても、いつまでもラブラブでいたいという気持ちが強いキミ。いくつになっても愛情たっぷりの夫婦でいられそうだよ♡ 子どもに対しては、細かくしつけをしちゃうかも！ でも、天秤座ならではの礼儀正しさを、子どももしっかり受け継いでくれるはず。意外と厳しい教育ママになっているかも!?

仕事

キミはとっても几帳面な一面を持っているみたい。ふだんの華やかなキャラクターとはギャップを感じてしまうくらい、細かい作業を完ぺきにしあげるタイプだよ。お金の管理も得意だから、将来は金融関係の仕事について活躍しているかも☆ しっかりと成功への道を歩んでいくことができるはず！

ハッピーのために今できること

ステキな出会いにめぐまれる運命を持っているから、恋においては少しだらけてしまいそう。外見も内面も、しっかりみがき上げることを忘れないでいて！

なにごとにも器用なキミは、壁にぶつかると気持ちが折れてしまいがち。今のうちから、いろんなことに挑戦して、成功や失敗の経験をつんでおこう☆

 もし悩んだときは……

気持ちが落ち着かない……そんなときは、のんびりとすごすのが◎。好きな音楽を聞いたり、本を読んだり……そのうち、キラリと光る答えが見つかるはずだよ♪

"ハッピーがやってくる"といわれている、ひみつの書を授けるよ。76～79ページをチェックしてね。キミの心にひびく言葉はどれかな？

36パターンの超あたる星占い

10/13 ▶ 10/23 生まれ
お姉さん的存在の天秤座

バランス感覚にすぐれたサバサバ系

持ちまえのバランス感覚に加えて、ものごとを的確に分析したり、理解したりする能力も持ち合わせているキミ。自分がどうあるべきかつねに考えながら行動できるから、クラスやグループのなかでは、「落ち着いたお姉さん」的存在としてしたわれているはず☆　勉強も効率よく進めるのが得意だから、いい成績をおさめられているんじゃないかな。また、男の子っぽいサッパリした性格もキミの人気の理由♪　男の子の友だちが多く、スポーツなどの話題にもバッチリついていけそう！

男の子から見たキミ
話の合うノリのいい子

話しやすくて、どんな相談にものってくれそうなところがキミの一番の魅力！　そんな親しみやすさが、男の子からの人気につながっているみたいだよ♡

ラブアップひとことアドバイス

気になる人には、ふだんとちがうキミを見せて！

　のんびりムードな一日。部屋を片づけるとうれしい発見が。

お姉さん的存在の天秤座さんの 将来と運命

恋愛

結婚相手には自分を包みこんでくれるようなやさしさを強く求めるはず☆ 結婚後はなによりも公平であることを大切に考えるので、パートナーとは平等な立場でいい夫婦関係をきずくことになりそう！ 家事はしっかりするけれど、相手と分担して、自分だけに負担がかからないように上手に調整できそう。

仕事

キミは頭の回転の速さと、ものごとのバランスを大切にする平和的な心を持っているのが強み。好奇心が旺盛で、コミュニケーション能力もすぐれているから、将来は世界中を飛びまわって、国際的に活躍する可能性も！ 少人数の会社よりも、働いている人が多い会社のほうが向いているかも。

ハッピーのために今できること

人とコミュニケーションをとることがとても大切！ ニガテな人にも積極的に話しかけてみよう。いろいろな出会いが、恋のチャンスをよびこむよ♪

将来は世界でバリバリ活躍できるように、今のうちから英語の勉強はもちろん、日本についても学んでおこう。日本のいいところを探してみよう♪

"ハッピーがやってくる"といわれている、ひみつの書を授けるよ。76〜79ページをチェックしてね。キミの心にひびく言葉はどれかな？

もし悩んだときは……

完ぺきを求める気持ちが強いキミ。うまくいかなくて悩むかもしれないけど、「だれだって失敗することはある！」と前向きに考えてみよう。失敗を恐れずに、レッツ・チャレンジ☆

天秤座にささぐひみつの書

まちがいをおかさずに生きる者は、それほどかしこくない。
――フランスのことわざ

人はまちがいながら成長するもの。失敗しない人は、じつは冒険をしないで、損をしているのかもしれないね。

なによりだいじなのは、人生を楽しむこと。幸せを感じること、それだけです。
――オードリー・ヘップバーン

アメリカのハリウッド黄金時代に数々の作品に出演した、ベルギー出身の大女優。

お金があっても、有名になっても、楽しくなければ意味がない。きょう一日をめちゃくちゃ楽しんで！ 楽しいって思うことが、キミの仕事だよ。

 ひとりで大きな買い物をすると、家族に怒られちゃいそう。

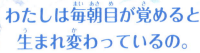

わたしは毎朝目が覚めると生まれ変わっているの。一日だって同じような日はないわ。

――ブリジット・バルドー

フランス出身の女優・ファッションモデル・動物保護活動家。

きのうの自分はきのうだけ、きょうの自分はきょうだけ！ 毎日ちがう自分に生まれ変わって、きょうしかない日を思う存分満喫して♪

自分をはげます最上の方法。それはだれかをはげまそうとすること。

――マーク・トウェイン

アメリカの作家。『トム・ソーヤの冒険』が有名。

自分をはげます方法は、友だちを元気にしようとすること！ 友だちもキミも、みんなで明るく楽しくなるなんて、最高だね♪

もともと地上に道はない。歩く人が多くなれば、それが道となるのだ。

――魯迅

中国の作家・思想家。代表作は『阿Q正伝』。

人生は決められた道を歩むわけではないんだよ。キミが切り開いて歩いたところも、続く人が増えれば「道」になっていくのかもしれない。

雲のうしろには、太陽がいつもかがやいている。

——ヘンリー・ワーズワース・ロングフェロー

アメリカで最も愛された詩人。代表作は「人生讃歌」など。

> 今はくもって暗い空だったとしても、その上にはちゃんと太陽がある。だから心配しすぎないで、だいじょうぶ。

他人の失敗から学びなさい。あなたはすべての失敗ができるほど長くは生きられないのだから。

——エレノア・ルーズベルト

第32代アメリカ大統領フランクリン・ルーズベルトの妻。

> 本を読んだり、勉強したりして、ほかの人の失敗を自分の経験にいかすことで、キミ自身が大きく成長できるよ！

 テキパキ行動できる日。男の子との会話がはずみそう。

だれもが世界を変えたいと思うが、だれも自分自身を変えようとは思わない。

—— レフ・トルストイ

ロシアの小説家・思想家。代表作に『戦争と平和』などがある。

なにかを変えよう！　と思ったら、まずは自分を変えてみよう。キミが変われば、まわりも変わってくるはずだよ。

空の星になれないのなら、せめて「家庭の灯り」になりなさい。

—— ジョージ・エリオット

イギリスの女性作家。19世紀イギリスを代表する作家のひとり。

今キミにできることはなんだろう？　大きな夢をかなえるためには、目の前にある小さな夢を大切にしてね。

人生とは戦いであり、不正との格闘である。

—— フローレンス・ナイチンゲール

イギリスの看護師で、近代看護教育の生みの親。

まちがっていると思うこと、おかしいと思うことがあったら、主張していいんだよ。キミが正しいと思ったことをしていこう！

10/24 ▶ 11/2 生まれ

情熱を秘めた蠍座

見た目と性格のギャップが魅力！

このタイプのキミは、なにごとにも慎重なしっかり者。クラスでもたよられることが多いんじゃないかな。見た目と雰囲気からおとなしく見られがちだけど、じつは心に熱〜い情熱を秘めているはず！　学校行事やクラブ活動の大会では、だれよりも本気で取りくみ、成功を目指すよ。口数はちょっと少なめだけど、たまにまわりをドキリとさせるような、するどい意見を口にすることもあるの。もともと、心のなかには"いいたいこと"がたまっているから、口ゲンカでは負けナシかも！

男の子から見たキミ
いざというときの気の強さがステキだな☆

ふだんはものしずかなキミだけど、なにかあったときは自分の意見をハッキリと主張するすがたに、男の子たちは胸キュンしてるかも！

ラブアップひとことアドバイス
男の子と話すときは、オーバーリアクションで大げさに☆

　うれしいラブハプニングの予感！　積極的に行動して。

情熱を秘めた蠍座さんの将来と運命

結婚

愛する人と一日中べったりとすごしたいタイプだから、結婚願望は超強め☆ 結婚後は、しっかりと家庭を守る古風な奥さんになりそう。ただ、かなり嫉妬深いので、夫を束縛したり、子どもの恋愛に口出しをしたりなど、干渉してしまうところがあるかも。息苦しい家庭にならないように注意して。

仕事

キミはするどい観察力と、少しぐらいの困難にはへこたれない根性があるよ。医療関係や研究機関で、その才能を発揮することができそう！ ねばり強く、何度も実験をくり返して、人のためになる薬や機械などの開発に成功するかも。将来的には、とても名誉ある賞をもらえるような存在になれるかも♪

ハッピーのために今できること

愛し愛される結婚を望むあまり、相手にプレッシャーをあたえてしまうかも。感情をコントロールする方法を覚えておくといいね！

キミはコツコツ努力タイプだから、スピーディーな人とくらべたりしないで。「自分は自分」と割り切って、とにかく地道に好きなことや勉強を続けてね。

"ハッピーがやってくる"といわれている、ひみつの書を授けるよ。86〜89ページをチェックしてね。キミの心にひびく言葉はどれかな？

もし悩んだときは……

これまでうまくいっていたことが、急に進まなくなったとしても安心して。知恵をしぼってチャレンジするうちに、キミの実力はみがかれて、新しい自分に出会えるから！

11/3 ▶ 11/12 生まれ
ミステリアスな蠍(さそり)座(ざ)

ミステリアスなキャラが魅力☆

この時期に生まれた人は、タフな行動力とともに、どこかつかみどころのない不思議な魅力を持ち合わせているの。クラスのなかでは、リーダーを務め、親友にも本当の自分を見せないミステリアスなキャラ。カンがするどくて、相手の気持ちの変化をビンカンに察知するのも得意だね。そのため、友だちから悩みを相談されることも多いんじゃない？ それに自分がこう！ と決めたら、行動に移すまで納得しないみたい。意志が強くて、ちょっとガンコな一面があるかもね。

男の子から見たキミ
勢いとねばりで、困難をのりこえる強い子！

想像できない行動力で、自分の願いをガンガンかなえていく「スゴイ人」っていう印象みたい♪ クラスの男の子から尊敬されているかも！

↑ラブアップ↑ ひとこと アドバイス

ときには素直にあまえてみよう♡

 イライラしてもガマン。家族となかよくするよう心がけて。

ミステリアスな蠍座さんの将来と運命

♡ 結婚 ♡

蠍座のなかでも、特に情念が深いのがこのタイプ。恋愛に真剣に向き合うから、好きになる人にもそれを求めるの。ズバリ結婚相手は"キミを本気で愛してくれる人"だよ。キミを包んでくれる年上の人が運命の人かも！ 結婚したあとも、まるでつき合い始めのカップルのようにラブラブ♡

✧ 仕事 ✧

ほかの人が見えないものや感じないものを、ビンカンに察知する能力にめぐまれているよ！スピリチュアルな感性が強いから、占い師やアーティスト、作家などの仕事が向いていそう。不思議な個性をいかして、自分だけの世界を作り上げてみて。かならず大きな成功を勝ちとる日がくるはずだから！

ハッピーのために今できること

前々から温めていた計画があるなら、それを実行してみるとよさそう！ 刺激的な恋を体験できて、恋愛モードが一気に高まるんだ♪

スピリチュアルな力や想像力を高めるために、集中力をアップさせる練習をしたりイメージトレーニングをすると、よりパワーアップするよ！

もし悩んだときは……

"ハッピーがやってくる"といわれている、ひみつの書を授けるよ。86～89ページをチェックしてね。キミの心にひびく言葉はどれかな？

人からいわれたイヤなことは、聞かなかったことにして忘れてしまおう！ 思い出してブルーな気分になるのは×。頭を切りかえて、ハッピーなことだけを考えて。

11/13 ▶ 11/22 生まれ
フレンドリーな蠍(さそり)座

冷静な判断力と親しみやすさが人気

ものごとを冷静に判断する知性と温かい愛に満ちた、バランスのいいキャラクターといえるよ。クラスでは「頭の回転の速い人」と認められつつ、親しみやすいフレンドリーな性格で人気がバツグンに高いはず☆ 正義感もとても強いから、弱い者いじめをしている人には堂々と注意することも。またこの時期に生まれた人は、すぐれた美的感覚を持っているの。美術や趣味の分野では、だれもマネできない独特の個性を発揮するよ。そのうえ、繊細な感性の持ち主だから、感動して涙することも多いはず！

男のコから見たキミ
安心できる、おとなっぽい子

「この子とつき合えたら、安心できそう！」と、年下の男の子たちから大人気♪ おとなっぽい雰囲気だからか、クールでカッコよく見えるみたい。

ラブアップひとことアドバイス

アタックは押しすぎず、タイミングを見計らってチャレンジを！

今日占い　なかよしメンバーで遊ぶと◎。楽しい一日になりそう。

フレンドリーな蠍座さんの将来と運命

♡ 結婚 ♡

子どものような、ピュアな笑顔がステキな男の人と結婚する可能性高め☆ キミはたよりにされたり、なにかを任せられたりするとうれしいタイプだから、夫に「ここをこう変えてほしいな～」とお願いされると、なんのためらいもなく、生活スタイルや外見を夫の好みに合わせてガラリと変えちゃうかも！

✧ 仕事 ✧

知識をたくわえて、細かな調査をかさね、それをていねいに分析する、という職業が向いているみたい。どんな仕事にも必要な力だけど、秘書やカウンセラーならその力を存分にいかすことができそう！ データを読み解いたり、資料をまとめるのも上手だから、わかりやすいマニュアル作りも◎。

ハッピーのために今できること

好き！ という気持ちを一方的に押しつけないように、セーブする練習をしておくと◎。いくつもの恋を経験して、少しずつ勉強してね☆

リーダー的な役回りよりは、サブリーダーとしての経験をつんでおいたほうがよさそう。ほかの人が動きやすいようにサポートする力を身につけて。

"ハッピーがやってくる"といわれている、ひみつの書を授けるよ。86～89ページをチェックしてね。キミの心にひびく言葉はどれかな？

もし悩んだときは……

心をゆるせる友たちとおしゃべりして気分転換を♪ 大人数だと口数が少なくなってしまうから、できればふたりだけでお話しするのがいいね。そうすれば重かった心も軽くなるはず。

36パターンの超あたる星占い

蠍座(さそり)にささぐ ひみつの書(しょ)

行動(こうどう)をともなわない想像力(そうぞうりょく)は、なんの意味(いみ)も持(も)たない。
―― チャールズ・チャップリン

数多(かずおお)くの傑作(けっさく)コメディ映画(えいが)を作(つく)り上(あ)げた、イギリス出身(しゅっしん)の映画監督(えいがかんとく)・俳優(はいゆう)。

「こうだったらいいな」「ああいうふうになりたいな」って想像(そうぞう)することはだいじ。でも、その頭(あたま)のなかのイメージを実現(じつげん)するために、行動(こうどう)することのほうがもっとだいじだよ。

志(こころざし)を立(た)てるのに、おそすぎるということはない。
―― スタンリー・ボールドウィン

イギリスの政治家(せいじか)・実業家(じつぎょうか)。3度(ど)首相(しゅしょう)となり活躍(かつやく)した。

目標(もくひょう)や夢(ゆめ)を決(き)めるのに、おそいなんてことはないよ。「こうしたい!」と思(おも)ったときが、キミが大(おお)きくステップアップするときなんだ。

★今日(きょう)の占(うらな)い★ つい調子(ちょうし)にのってしまいそうな日(ひ)。ひかえめな態度(たいど)が◎。

勝利は、最も忍耐強い人にもたらされる。
—— ナポレオン・ボナパルト

革命期のフランスの軍人・政治家。フランス第一帝政の皇帝に即位。

> がんばればかならず勝つというわけではないけど、勝つ人はじっとガマンしてチャンスをうかがっていた人。

晴れた日は晴れを愛し、雨の日は雨を愛す。
—— 吉川英治

歴史小説家。代表作は『宮本武蔵』『新・平家物語』など。

> 怒られた日だって、ほめられた日だって、キミにとっては大切な人生の一ページ。悪いことがあった日も、ゆったりかまえればいつか「よかった」って思える日がくるよ。

ミスをおかさない人間には、なにもできない。
—— イギリスのことわざ

> なにかに挑戦するときに、失敗はつきもの。それをこわがってなにもしないと、これからもなにもできずにおわってしまうよ。

人間は、負けると わかっていても、 戦わねばならない ときがある。

——福沢諭吉

江戸時代末期から明治初期の洋学者。慶應義塾大学を創設した。

> 負けることを恐れて逃げ出すのはやめよう。友だちのために戦うなど、大切なもののためには、勇気を出して立ち向かって。やってみなくちゃわからない！　っていう強い気持ちで。

「このまま行け」と、 ぼくのなかの ぼくが命じるんだ。

キミにオススメ！

——フィンセント・ファン・ゴッホ

オランダ出身の画家。20世紀の美術に大きな影響を及ぼした名画家のひとり。

> 心のなかの本当の声に耳をすましてみよう。キミはキミの思うとおりに進んでいるかな。

★今日の今日占い★　楽しいことが盛りだくさんな一日。元気に遊びまわれるよ。

ころぶのは恥ではない。
ころんだままでいるのが
恥なのだ。
—— ドイツのことわざ

もしなにか失敗をして落ちこむことがあっても、そこで立ち止まらないで。そこから一歩進む勇気を持とう！

人の世に失敗ちゅうことは、
ありゃせんぞ。
—— 坂本龍馬

幕末の志士。江戸幕府をたおすきっかけを作った人。

「失敗しちゃった……」って思うこともあるけど、じつはそれは失敗じゃない。あした成功するための準備なんだよ☆

心が痛い日だって、
そりゃあるわ。
—— マ・レイニー

アメリカの女性ブルース歌手。「ブルースの母」といわれた名シンガー。

泣きそうな日、引きこもりたい日もあるよね。キミにも、心が張りさけそうなほどつらい日もあるはず。でも、みんなだって弱いから安心して。自分だけ弱いんだなんて思わないで。

11/23 ▶ 12/2生まれ おとなっぽい射手座

行動力がある堂々としたアネゴ肌

キミの一番の長所は行動力が旺盛なところ。勉強に、恋に、いつでも真っすぐ、一生懸命。そういう姿勢がまわりから好感を持たれているよ。また、頭脳明晰で直感もすぐれているから、学校の成績も優秀。テストでヤマをかけるのも得意です。バツグンの集中力で目標に向かっていくキミは、クラスのなかでもつねに堂々としているアネゴタイプ。どことなくおとなっぽい雰囲気もあるはず。ねばり強くものごとに向かうのはニガテだけど、短期決戦ならだれにも負けないよ！

男の子から見たキミ
ヤキモキさせられる小悪魔タイプ

恋を直感で楽しむ「小悪魔タイプ」のキミ。追いかけてもスルリとかわされてしまうから、男の子はますますキミに夢中になっちゃうんだ♡

ラブアップひとことアドバイス

突発的な行動は
ほどほどにね

 頭の回転がスピーディー。ニガテな科目でも自信が持てそう。

おとなっぽい射手座さんの将来と運命

♡結婚♡

キミはあまり結婚願望が強くないタイプ。結婚によって、自分の行動が制限されてしまうことに不安を感じてしまうのかも。キミの自由をきちんと尊重してくれる大らかな人と出会うことができれば、一気に結婚が現実的なものになりそう。自分が知らない世界を持っている人にあこがれる傾向も。

✧仕事✧

バツグンの集中力とものごとへの深い探究心を持っているキミ。ひとつのことを掘り下げていくうちに、いつの間にかその道の専門家になっている、なんていうこともありそう。若いころはいくつかの職を転々とする可能性もあるけど、なにをやっても前向きに取りくむのがキミのいいところだよ。

ハッピーのために今できること

「自由」が大好きなキミ。その「自由」には責任がついてまわることを忘れないで。理解してもらうためにはどうすればいいか、考えてみよう。

器用なキミはあれもこれもと手を出しがち。でも経験したことは、かならずキミの宝になるはずだよ。途中で投げ出さない気持ちが大切。

"ハッピーがやってくる"といわれている、ひみつの善を授けるよ。96〜99ページをチェックしてね。キミの心にひびく言葉はどれかな？

もし悩んだときは……

まずは冷静に周囲を見わたすこと。そして、紙に自分の目標や計画を書いてみて。いつも目につくところにはっておけば、行動に迷いがなくなって結果が出せるよ。

12/3 ▶ 12/12 生まれ
超アクティブな射手座

ひらめきとするどい感性のリーダー

ものごとをスピーディーにまとめるひらめきと、行動力にめぐまれています。その能力を認められて、クラスやクラブ活動では、みんなを引っ張っていくポジションを任されそう。一方で、人の心の痛みやよろこびをビンカンに察知するやさしさもあり、困っている友だちから相談を受けることも多いはず。そんなたよれるキミは、まわりからの信頼も厚いよ。体力と運動能力にもめぐまれているから、スポーツで飛びぬけた成績を残せるタイプ。プロを目指す気持ちがあるなら、チャレンジするのもオススメ！

男の子から見たキミ
しっかり者であこがれの存在

スポーツも勉強も軽々となんでもこなしてしまうキミを、特におとなしい男の子は、「うらやましいな、すごいな〜」とあこがれのまなざしで見ているよ。

ラブアップひとことアドバイス

明るいキミのおしゃべりが恋の始まりに！

 運気はなごやか。なつかしい友だちから連絡がくるかも。

超アクティブな射手座さんの将来と運命

♡結婚♡

結婚しても仕事をバリバリ続けることができるキミ。有能なキャリアウーマンになれる可能性大☆　基礎体力があるので、どんなに仕事がいそがしくても、家庭まわりのことも完ぺきにこなしていけるタイプ。自分の楽しみのための時間を、上手にやりくりして作り出す才能もあるんだ！

✧仕事

アクティブな性格のキミには、海外との縁がある仕事がピッタリ。思い切って世界に目を向けてみて。特に、語学力にすぐれているので、複数の外国語をあやつる通訳や、世界中を飛びまわるキャビンアテンダントなどもオススメ。コミュニケーション能力バッチリなキミは、どこに行っても活躍できるよ。

ハッピーのために今できること

ドラマチックな恋愛にあこがれて、電撃結婚するタイプ。でも、相手の性格や金銭感覚などをしっかり見極めておくことを忘れないで。

たくさんのことに興味があるのはいいけれど、やりっぱなしではなく、情報を集めて整理する習慣をつけよう。形に残しておくと、なにかの役に立つかも。

もし悩んだときは……

"ハッピーがやってくる"といわれている、ひみつの書を授けるよ。96〜99ページをチェックしてね。キミの心にひびく言葉はどれかな？

自分から悩みを打ち明けたり、人をたよったりすることはニガテなキミ。キミの友だちは、キミの力になりたいと思っているよ。話を聞いてもらうだけでも気持ちは軽くなるはず。

12/13 ▶ 12/21 生まれ
自由奔放な射手座

情熱と冷静さが魅力の知的ガール

このタイプは、まるで太陽のようなかがやきと月のような冷静さをバランスよく持っています。まわりの様子や相手によって、キャラを変える器用なところがあり、周囲からは「不思議ちゃん」と思われているかも。自由奔放で、ルールにしばられるのも大のニガテ。突拍子もない行動で家族や友だちを驚かせるけど、キミにとっては信念に基づいた言動なんだ。また、理解力や応用力にもめぐまれているので、勉強も得意。少ない時間の学習で、クラストップの成績をおさめられそう！

男の子から見たキミ
感情の激しさにドッキン！

新しい恋にかける情熱はケタはずれ。でも、なかなかそれが長続きしないみたい。急に熱が冷めてしまうキミに、男の子のハートはヒヤヒヤ＆ドキドキ。

ラブアップひとことアドバイス

おとなしい男の子にはやさしい言葉かけを

元気な友だちからパワーをもらおう。山羊座と行動すると◎。

自由奔放な射手座さんの将来と運命

♡ 結婚 ♡

明るく大らかなキミは、結婚して家庭を持っても、そのキャラのまま、パワフルで元気な家庭をきずきそう。休日には、なかのいい友だちや家族みんなで集まって、ワイワイと楽しむことも。一方で、キミにはひとりだけの時間もかかせないもの。それを理解してくれるパートナーが一番の理想です。

◇ 仕事 ◇

すばらしい才能で、財産をきずく可能性がいっぱいのキミ。特別なチャンスをつかまえるのが上手なので、芸能界や文学界などで名声を得ることもありそう。ふつうの会社員ではなく、フリーの職業のほうが性格的には合っているのかも。自由な感性で、のびのびと豊かな才能を発揮して。

ハッピーのために今できること

 同じ話題や趣味の話で盛り上がれる友だちとのつき合いを大切にして。そこから運命の出会いへとつながっていく可能性大☆ 人とのつながりをだいじにね。

 勉強やお手伝いをするのが、めんどうなときがあるよね。始める前に時計を見て「○時までにやろう!」と決めてみて。時間の使いかたが上手になるよ。

"ハッピーがやってくる"といわれている、ひみつの書を授けるよ。96〜99ページをチェックしてね。キミの心にひびく言葉はどれかな?

もし悩んだときは……

自信がなくても、いま自分でできることを、力をつくして精いっぱいやってみよう。あきらめることなく「自力でやりとげるんだ!」という強い気持ちを持ってね。

36パターンの超あたる星占い

射手座にささぐ ひみつの書

苦さの味を知らぬ者は、あまさもわからない。

——ドイツのことわざ

苦しみを知っているからこそ、人生の楽しみもわかるんだ。そう考えれば、苦しいことって、そんなに悪いことじゃないかもしれないよね。

目的はただひとつしかない。それは、前進することなのです。

——魯迅

中国の作家・思想家。代表作は『阿Q正伝』。

とにかく前進あるのみ！　前に足を動かせばキミの望む未来に一歩近づくから。

 予定がキャンセルになる予感。落ちこまないで次に期待。

かんたんではないこともあるが、キミにはできる。世界はキミのものなのだから。
―― ベーブ・ルース

「野球の神さま」といわれる、アメリカの国民的ヒーロー。

キミに"不可能"なんてことはない。かんたんではないかもしれないけど、この世界の中心として積極的に挑戦してみよう。

人間の長所は欠点があるということだ。
―― ユダヤのことわざ

欠点があることで、キミの魅力は倍増するんだよ。欠点がない人なんて、つまらないじゃない？

未来は、現在と同じ材料でできている。
―― シモーヌ・ヴェイユ

フランスの女性哲学者。死後に本が出版され、ベストセラーに。

一日一日のつみかさねが未来を作り上げていくんだ。だからきょうという一日を大切にすごしてね。

成功するのに一番必要なものは、燃えるような願望である。

——ナポレオン・ヒル

アメリカの哲学者。代表作は『思考は現実化する』など。

> どうしても成功させたい！ 変えられるかもしれない！ と思う強い気持ちがあれば、周囲をいつも心に情熱を持って。

それはできる、それをやる、と決断せよ。それからその方法を見つけるのだ。

——エイブラハム・リンカーン

第16代アメリカ大統領。「最も偉大な大統領」といわれるひとり。

> 目的を達成するための道筋を頭で考えるよりも先に、「これをやる！」と明言しちゃおう。それからのことは、あとから決めてもだいじょうぶ。

友だちとすれちがいそう。いいたいことは、はっきりと。

自分に打ち勝つことが、最も偉大な勝利である。

――プラトン

古代ギリシャの哲学者。西洋哲学の基礎となる思想をとなえる。

> ライバルはほかの人ではなく、きのうの自分！ あしたはワンランク上の自分になることを目指すんだ。

どうにもならないことは、忘れることが幸福だ。

――ドイツのことわざ

> 考えすぎても、現実はなにも変わらない。なら、思い切って忘れちゃえ！ ぐっすり眠って、リセットしよう。

苦しいという言葉だけは、どんなことがあってもいわないでおこうじゃないか。

――高杉晋作

幕末の長州藩士。尊王攘夷の志士として活躍し、奇兵隊を創設。

> 苦しいというと、本当に苦しくなってしまうよ。つらいときこそ、楽しいことやうれしいことを思い出して、ハッピーを引き寄せよう♪

12/22 ▶ 12/31生まれ
堅実で慎重な山羊座

みんなに信頼されるしっかり者

キミはなにごとにもじっくり時間をかけるタイプで、少し臆病なところがあるみたい。口数が多いほうでもないから、クラスのなかではあまり目立たないかも!? そんなキミだけれど、だれにも負けない特技を持っていることや、ミステリアスな魅力があることから、じつは周囲からは一目置かれている存在！ みんなから信頼されるキャラクターなんだよ☆ スポーツも勉強も、かなりコツコツ型のがんばり屋さん。長時間の練習や勉強にたえられる根性もばっちり！

男の子から見たキミ
ものしずかでおしとやかな子

一見近寄りがたそうなキミだけど、じつは異性をひきつける強いオーラを発しているよ。「おとなっぽくて、なんだか気になる子」として人気なんだ☆

ラブアップひとことアドバイス

困ったときは、もっと人にあまえて☆

うっかり忘れ物をしてしまいそう。家を出る前に確認して！

堅実で慎重な山羊座さんの将来と運命

♡結婚♡

キミは堅実な結婚生活にあこがれているみたい。大恋愛の末に電撃結婚というストーリーにはあまり縁がないかもね。小さなころから、○さいのときにこんな職業の人と結婚して、子どもは○人というふうに、現実的な理想を持っているんじゃないかな？　その実現に向かって、少しずつ努力を続けていくよ！

◇仕事◇

マジメで集中力バツグンのキミは、時間をかけてひとつのものごとを追究するような職業に向いているよ！　研究職や技術職は天職といえるかも。ただ、どんな職業についたとしても、成功するまでは時間がかかるタイプだよ。大器晩成型だと自覚して、コツコツと努力をかさねていくことが成功の秘訣☆

ハッピーのために今できること

温かい家庭をきずくためには、温かい心が必要。ひとりでなんでもできるキミだけど、人をたよりにして、おたがいに成長していく経験をつんでおこう！

今のうちから人とのおつき合いに力を入れて。将来、きっと大きな助けとなるはずだから、友だちとの心のつながりを大切にしてね♪

"ハッピーがやってくる"といわれている、ひみつの言葉を授けるよ。106〜109ページをチェックしてね。キミの心にひびく言葉はどれかな？

もし悩んだときは……

悩むと自分に自信がなくなって、臆病になってしまいそう。そんなときは、自分の味方である大切な友たちや家族に相談してみてね！　きっといいアドバイスがもらえるはすだよ。

1/1 ▶ 1/10 生まれ
リーダー気質の 山羊座

マジメでおもしろい人気者

この生まれのキミは、山羊座のマジメなキャラクターに加えて、生まれつきみんなを笑顔にできるセンスを持ち合わせているよ。真顔でおもしろいことをいったり、ときどき周囲が予想もできないような行動に出たりすることも。そんなキミだから、クラスではみんなの人気者！ 頭がよくて説得力もあるので、クラスの代表委員などにえらばれることも多いはず☆ 勉強やクラブ活動は、効率的に進められるタイプ。計画にムダがないので、短い時間でどんどんレベルアップしていけそうだよ！

男の子から見たキミ
女の子らしい しっかりした子

ものしずかな雰囲気とちょっぴり古風なルックスがキミの人気のひみつ♡ 勉強やクラブ活動をきっちりこなすキミと話すとき、男の子たちは少し緊張ぎみかも!?

ラブアップひとことアドバイス

楽しい会話で親しみやすさをアピール！

★毎日占い★ 時間を見まちがえて、遅刻しちゃうかも。早めの行動を。

リーダー気質の山羊座さんの将来と運命

 結婚

理想の結婚に向かって、着実に努力をしていくキミ。条件が合えば、お見合い結婚だってOK。堅実なキミにとって、お見合いや信頼できる人からの紹介はかしこい選択かもしれないね。結婚したあとは、しっかりと家庭を守る良妻賢母になりそう！ 子どもに対しては、わりと厳しいしつけをするかも。

 仕事

刺激はなくても、安定している人生を好むタイプのキミには、公務員などの職業がオススメ。時間はかかっても、確実に地位と収入をアップさせていけるはず☆ 頭の回転が速く、いつでも冷静でいられるキミだから、たよりになるリーダーとして活躍する可能性も高いよ。意外と政治家にも向いているみたい！

ハッピーのために今できること

相手と力を合わせて努力をしていかないと、幸せな結婚生活は手に入らないもの。人と協力して、ものごとを達成していく経験をたくさんかさねていこう☆

楽しんで自分みがきをしていこう。習いごとなど、やりたいことはガマンせずにどんどんチャレンジしちゃおう☆ それが将来、キミの強みになるよ！

"ハッピーがやってくる"といわれている、ひみつの書を授けるよ。106～109ページをチェックしてね。キミの心にひびく言葉はどれかな？

もし悩んだときは……

思い切ってまったく別のことに取りくんでみよう。洗濯やそうじなど、単純な作業に集中するのがオススメだよ。頭のなかがリセットできて、また前向きな気持ちになれそう！

1/11 ▶ 1/19生まれ
カンがするどい 山羊座

どんな壁でものりこえられる人

頭の回転が速く、なんでもソツなくこなせちゃうバランス人間！でも、軽はずみな行動はとらないから、周囲からの信頼もばっちりだよ☆　どんな状況になっても、みんなの心をグッととらえて、人気者になれるはず！　勉強やクラブ活動では、自分のオリジナルの方法で実力をみがいていく傾向があるよ。カンもいいので、なにごとも上達が早めかも。友だちとは、広く浅くつき合っていくタイプだけれど、そんなクールな関係が、キミにとっては心地いいみたい。

男の子から見たキミ
真っすぐで意志の強い子

ほかの女の子にはない、自分らしい考えかたを持っているキミ。その心の強さが自然と男の子たちをひきつけるよ☆　特に年上の男の子から大人気♪

ラブアップひとことアドバイス

不安にならないで。
自分にもっと
自信を持とう！

 授業で先生にあてられそうな日。心の準備をしておいて。

カンがするどい山羊座さんの将来と運命

恋愛

キミは「相手をリードしたい」っていう気持ちが強め。おとなしくしたがっているように見えても、じつは家族のなかで主導権をにぎっているのはキミかも！相手につくしながらも、しっかりと自分を持っているいい奥さんになりそうだよ。おたがいに依存することのない、心地いい夫婦関係を育んでいくはず。

仕事

バツグンの適応力を持っているスマートな人として、たくさんの人から信頼を集めることができるキミ。計算に強く、仕事も正確なので、会社のなかでも優秀な人として活躍することができるよ！また、人になにかを教えるのも得意だから、先生も◎。人よりも転職する回数は少なめかも。

ハッピーのために今できること

人に対して細かく指図してしまうところがあるかも。相手には相手のペースがあると考えて、「人に合わせる」ことを意識しよう！

キミはひとりで困難に立ち向かえる強い人だけれど、まわりをたよればもっと仕事運がアップするよ。今のうちから困ったときは周囲にたよって。

もし悩んだときは……

気持ちがしずんだときこそ、最近成功したこと、人から感謝されたことを思い出して。テストでいい点数がとれた、友だちにありがとうといわれた……とか、小さなことでOK！

"ハッピーがやってくる"といわれている、ひみつの書を授けるよ。106～109ページをチェックしてね。キミの心にひびく言葉はどれかな？

山羊座にささぐ ひみつの書

世のなかに、無神経ほど強いものはない。
——勝　海舟

キミにオススメ！

江戸時代末期から明治初期の武士・政治家。江戸城を無血開城した。

人の意見や悪口は気にしないこと。クヨクヨ悩んだってなにも変わらない。だったら知らないふりして、堂々と生きていくほうがいいよね。

戦いでは強い者が勝つ。辛抱の強い者が。
——徳川家康

戦国大名。戦乱の時代に終止符を打ち、江戸幕府を開いた。

ガマンにガマンをかさねた人が、最後に笑うんだ☆　途中でうまくいかなくても、あせらないことが大切だよ。

階段でつまずいてしまいそう。足元に気をつけて歩こう。

行いが美しい者は、すがたも美しい。
―― イギリスのことわざ

よい行いをする人はよい立ち居ふるまいができるようになる。天はすべてを見とおしているんだ。

大木が雨風でたおれないのは、それより大きな根が張っているからだ。
―― 新島 襄

教育家。アメリカに留学後、のちの同志社大学を創立して教育に尽力した。

本当にやりたいこと、かなえたいことがあるなら、ちょっとの障害やじゃまが入ったとしても、それは問題にならない。自分の信念に勝つものはないからね。

どんな場合にも「困った」「弱った」「情けない」「腹が立つ」「助けてくれ」なんていう消極的な言葉を、絶対に口にしないことです。
―― 中村天風

日本の思想家・実業家。日本にはじめてヨガを伝えた。

マイナスな言葉は、キミにもマイナスなことを運んでくるかもしれない。どうせなら、ポジティブで明るい言葉をいってみよう。いい方向にものごとが進むかも！

強い人が勝つとはかぎらない。
すばしっこい人が勝つともかぎらない。
「わたしはできる」と考えている人が
結局は勝つのだ。

——ナポレオン・ヒル

アメリカの哲学者。代表作は『思考は現実化する』など。

> 自分のことを自分で信じてあげよう。「わたしにならできる！」って思うことが、成功をつかむ第一歩だよ。

人生には解決法なんか
ないんだ。
あるのは、前に進む力だけだ。
解決法はあとから
ついてくるものさ。

——サン=テグジュペリ

フランスの小説家で『星の王子さま』の作者。パイロットとしても活躍した。

> 「こうしたい」「こうなりたい」と思う気持ちに向かって真っすぐに進んで！　そのあとのことは、またゆっくり考えればいいから。とりあえず前にGO!!

人とぶつかってしまいそうな日。よそ見に注意して！

失われたものを数えるな。
残されたものを最大限にいかせ

——ベニー・グッドマン

アメリカ出身で、「スウィングの王さま」といわれるジャズ・クラリネットの演奏者。

> なくなったものではなく、今あるものをいかそう。なくなったものを思い続けていてもなにも変わらないから。

夢を見るから、
人生はかがやく。

——アマデウス・モーツァルト

オーストリアの作曲家。ウィーン古典派3大巨匠のひとり。

> 夢がない人生はちょっぴりさびしい。夢に向かって努力することこそが、人生を楽しむためのスパイスになるかも。

かしこい人は、
徹底的に楽天家である。

——アンドリュー・カーネギー

スコットランド出身でアメリカの実業家。鉄鋼会社を創業し、「鉄鋼王」とよばれた。

> うまくいかなくたって、「なんとかなるさ♪」とお気楽に！ 悩んでいても、解決しないことのほうが多いんだから。

 1/20 ▶ 1/29 生まれ

新しいことが大好きな水瓶座

すばらしい能力を秘めた天才タイプ

この生まれのキミは、「改革の星」といわれる天王星の影響を強く受けているため、どんどん未来に目を向けて、新しいことを取り入れていくタイプだよ。流行にもビンカンだから、クラスのなかでは最新のファッションや話題の提供者となっているはず！また、頭の回転が速く、天才とよばれるくらいにすばらしい能力を発揮できることも。科目によってかたよりはあるけれど、勉強は得意なんじゃないかな？　サッパリとした性格で、男の子の友だちが多いのも特徴だよ☆

男の子から見たキミ
話しやすくてノリがいい子

男の子からは、話が盛り上がる、楽しい女の子だと思われているみたい。女の子だからと、特別あつかいをしなくてもつき合えるところが魅力☆

ラブアップひとことアドバイス

ギャップをねらって、たまには女の子らしく！

 友だちとケンカしちゃうかも。相手の話をよく聞いて。

新しいことが大好きな水瓶座さんの将来と運命

結婚

結婚にはじつはあまり興味がないかも……？　決してしたくないわけではないけれど、自分の生活を大切にしたいタイプのキミは、結婚することによって生活が変わってしまうのをさけたいと思うみたい。将来は、独身時代と同じように、仕事や友だちとの関係を続けられるような自由な結婚をしていそう☆

仕事

発想力が豊かなキミは、商品の企画や、イベントプランナーなど、アイデア勝負の職業がピッタリだよ！　ほかのだれも思いつかないような斬新なアイデアでまわりを驚かせて、高い評価を受けそう。そのバツグンのセンスをいかして、ミュージシャンやデザイナーを目指すのもありかも☆

ハッピーのために今できること

結婚に対して、超現実的なキミ。結婚のいいところに目を向けてみよう♪　こんな結婚式をして……と、幸せなイメージを持っておくことが大切だよ。

キミの独特の個性をのばしていくことが、将来の仕事にいかされていくよ☆　やりたいと思ったことは、すぐにチャレンジ！きっとうまくいくはず！

もし悩んだときは……

"ハッピーがやってくる"といわれている、ひみつの書を授けるよ。116～119ページをチェックしてね。キミの心にひびく言葉はどれかな？

心の底からわかり合えると思う人に、キミの弱い部分をさらけ出してみよう。それができれば、自分がどんなに周囲から大切にされているかがわかるはずだよ。

36パターンの超あたる星占い

1/30 ▶ 2/8生まれ
現実的でクールな水瓶座

なんでも計画的にこなせる現実派

自分の夢をかなえるため、計画的に行動することができる現実的なタイプのキミ。勉強もスポーツも、効率的にこなしていくはずだよ。恋愛やクラブ活動などの両立もバッチリ☆ どちらかがうまくいかなくなる、なんてことはなさそう！ そんなソツのないすがたに、まわりの人はキミをクールな人だと思っているところもあるみたい。また、この生まれの人は話し上手、聞き上手♪ 相手の気持ちをくみとる思いやりにもあふれているので、とても楽しい会話ができるよ。

男の子から見たキミ
人なつっこい・明るい子

自然体で話しやすいキミは、友だち関係を恋愛にスムーズに発展させられるよ！ その人なつっこさで、年齢差のある男の子にもすんなり受け入れられそう☆

ラブアップひとことアドバイス

本命の男の子には特別なラブサインを♡

きょうはなんだかイライラしがち。明るい笑顔を大切に。

現実的でクールな水瓶座さんのと

💗 恋愛 💗

おしゃれな恋へのあこがれが強いキミは、パートナーの見た目をかなり気にしそう。服の趣味などが合うかどうかを大切にするみたいだよ。パートナーとは、ラブラブというよりはサッパリした関係になりそう。おたがいに細かい干渉はしないで、自由な生活を楽しむ……そんな都会的な夫婦になる予感！

✧ 仕事 ✧

将来はキミのセンスをいかして、つねに時代の最先端を走る存在になっているはず！　どんな職業についても、キミには自由であることと、マイペースに働ける環境があることが大切なの。会社できっちり働くよりも、自分でお店を立ち上げたり、フリーで活動したりすることに向いているかも。

ハッピーのために今できること

もともとストレートに気持ちを言葉にするキミだから、気になる人にもズバッといってしまうところがありそう。ふだんからソフトに気持ちを伝えてみて！

キミの言動は、みんなに誤解されやすいときもあるけれど、自分の感性を信じることが大切！人とちがうことを恐れず、個性を出して☆

"ハッピーがやってくる"といわれている、ひみつの書を授けるよ。116〜119ページをチェックしてね。キミの心にひびく言葉はどれかな？

もし悩んだときは……

気持ちが落ちこんで暗くなったときこそ、ハッピーなことを考えてみよう♪　今をワクワクする気持ちで満たすことで、心のなかにあるモヤモヤを吹き飛ばしちゃおう！

36パターンの超あたる星占い

2/9 ▶ 2/18 生まれ
才能あふれる水瓶座

常識にしばられないセンスの持ち主

音楽や文章の才能にめぐまれているキミは、クラスのなかでもその才能を買われて、いろいろな場面で大活躍しそう！　イベントの計画やコーディネートを任されることも多いかも。また、上手に人間関係をきずけるセンスを持っているから、人なつっこくて、人気者。どんな人とでもすぐになかよくなれて、相手にとっても心地のいい距離を作れるよ！　その一方で、基本的な考えかたはかなり個性的で、ルールや常識にとらわれるのをとても嫌う傾向も。

男の子から見たキミ
なんでも話せる信頼できる子

男の子は、キミの前だと自然体でいられる、と思っているみたい。そんなキャラのせいか、友だちだと思っていた男の子から、突然の告白……なんてことも！

ラブアップひとことアドバイス

やさしい言葉づかいを心がけると人気アップ☆

 夕飯前におかしを食べすぎないでね。怒られちゃうかも。

才能あふれる水瓶座さんの将来と運命

♡ 結婚 ♡

結婚することで、相手の家族や友だちなど、たくさんの人とのつき合いが始まるよ。キミはそんな新しい人たちとの出会いを存分に楽しむことができそう！また、おたがいの意見がちがったとしても、パートナーときちんと話し合って、ふたりで答えを出していけるようなステキな夫婦になっていくみたい☆

✧ 仕事 ✧

知識欲と研究心で、熱心にものごとを追究していくキミ。クリエイティブな分野で、その能力をいかすことができそう☆ コンピューター関係や化学的な研究職にも向いているよ。独創的なセンスをいかすなら、デザイナーやカメラマンなども適職！友だちといっしょに会社を作って働くのもオススメ♪

ハッピーのために今できること

 料理の手伝いを積極的に！作ったごはんを家でゆっくり家族と楽しむ、そんな幸せな時間を味わうと、将来のイメージがわいてくるよ。

 サービス精神を忘れずに、まわりの人をよろこばせることを考えて行動してみよう。積極的に人の役に立つことをするのが、将来のパワーになるんだ。

 "ハッピーがやってくる"といわれている、ひみつの書を授けるよ。116〜119ページをチェックしてね。キミの心にひびく言葉はどれかな？

もし悩んだときは……

心のなかで大きな悩みを抱えてしまったら、小さな幸せを増やしてみよう。好きなマンガを読んだり、おいしいおかしを食べたり……。まずはネガティブな状態からぬけ出そう！

水瓶座にささぐ ひみつの書

大きな失敗を恐れない者だけが、偉大なことをなしとげる。
――ジョン・F・ケネディ

第35代アメリカ大統領。在任中、テキサス州で暗殺された。

じつは、すごいこと、大きなことをやりとげている人は、みんなどこかで失敗している。失敗を恐れない人だけが、これから大きなことをなしとげられるんだ！

わたしは、決して、失望などしない。どんな失敗も、新たな一歩となるからだ。
――トーマス・エジソン

アメリカの発明家。白熱電球など多くのものを開発した「発明王」。

失敗することで、大きな収穫があるはず。そこから一歩踏み出して、ちがうあしたを作っていこう。失敗してもだいじょうぶ。

大切なものをなくすアンラッキーデー。持ち歩くのはやめて。

一度道に迷うよりも、二度たずねるほうがいい。
——デンマークのことわざ

なにかわからないとき、素直に人に聞いたほうがいいかもしれない。そのほうが近道だったりするから。はずかしがらず、勇気を出して。

忍耐は運命を左右する。
——ラテンのことわざ

ガマンできるか、できないか。それが人生を変える決め手になるかもしれない。あせらず、いそがず、じっくりと。

刀剣短くば、一歩進めて長くすべし。
——柳生宗矩

江戸時代初期の大名・兵法家。徳川将軍家に剣術を教えた。

目標に届かない……と思ってもあきらめないで。もしかしたら、キミがもう一歩前に進めば、手が届くかもしれないよ。

人生はマラソンなんだから、100メートルで1等をもらったってしょうがない。

——石坂泰三

日本の財界人・経営者。「財界総理」との異名を持った。

> キミの人生は、始まったばかり！ 長い目で、これからの人生を計画していこう。今がすべてではないんだよ。1年後、10年後に目標を定めてみて！

自分にできることをすべてやったら、結果なんて他人に任せてしまいなさい。

——ゴルダ・メイア

イスラエルの政治家で、第5代首相。

> がんばってがんばって、「もうこれ以上がんばれない」というところまで努力できたら、もう結果は気にしないこと。だって、がんばったという事実より大切なものはないんだから。

午後から運気ダウン。出かけるより家でゆっくりすごして。

もしも、あなたがどこに行くか迷っていても、道が導いてくれる。

——ルイス・キャロル

イギリスの作家で『不思議の国のアリス』の作者。

困ったら流れに身を任せることも、ときには必要なこと。「なんとなく」でも、キミは、自分らしい道を行けばいいんだ。不安にならなくてもだいじょうぶ。

笑われて、笑われて、強くなる。

——太宰治

日本の小説家。『走れメロス』『人間失格』など多くの傑作を生む。

だれかに笑われたって、気にしない♪ たくさん笑われて、はずかしい思いをした人のほうが、あとあとずっと強い人間になっていることのほうが多いんだ。

ゆっくり行く者は、安全に遠くまで行く。

——イタリアのことわざ

自分のペースで進んでいこう。人の流れにまどわされずに、人とくらべずに……。ゆっくり、正しい道を進むほうが、キミには合っているかもしれないよ。

2/19 ▶ 2/28 生まれ
笑顔がステキな魚座

いつもにっこり、あこがれの存在

感性が豊かで創造力バツグンなキミは、学校のイベントですぐれた企画力を発揮し、みんなをあっと驚かせたりして、大活躍しそう。教科も、自由な発想力をいかせる美術などが得意みたい。また、この生まれの人は男の子を強力にひきつけてしまうタイプ！クラスの人気ナンバーワンにえらばれるような、あこがれの的になりやすいよ。クラスやグループのなかでは、みんなの話にニコニコと笑顔で答えている愛されキャラで、好き嫌いもなく、だれとでもなかよくなれるはず！

男の子から見たキミ
女の子らしくて放っておけない子

男の子からは、ピュアで妹のような存在だと思われているかも。恋人候補として、男の子たちの注目を集めているよ。キミのかくれファンもたくさんいるみたい♡

ラブアップひとことアドバイス

はずかしがらずに、男の子の前でもっとはじけて☆

カンちがいでドジをしそう。まわりの人の助言をよく聞いて。

笑顔がステキな魚座さんの将来と運命

 結婚

キミは小さいころから理想の結婚をしっかりイメージして、それに向かって努力をかさねるタイプだよ。仕事や結婚に対しても、○さいまでにいくら貯金をして、○さいで結婚して……というふうに、リアルな計画を立てているかも。結婚したら、いいお母さんとして家庭を守っていくはず！

 仕事

カンがするどくて、手先も器用なキミには、流行の最先端でなにかを生み出す仕事がとても向いているよ。たとえば、ブランドのデザイナーや広報、美容師や雑貨屋さんのオーナーなどは天職かも！　女の子らしい雰囲気がただよう職場や、実際に女性のために働くことができる職種につくのがオススメだよ♪

ハッピーのためにできること

結婚すると、急にグチっぽくなってしまいそう。「つくしてあげている」という気持ちが大きくならないよう、家族に感謝の言葉を伝えていこうね！

将来仕事で活躍するためには、豊かな感性を地道に育てていくことが大切。花を育てたり、絵をかいたり、美しいものを美しいといえる気持ちを大切に。

"ハッピーがやってくる"といわれている、ひみつの書を授けるよ。126〜129ページをチェックしてね。キミの心にひびく言葉はどれかな？

 もし悩んだときは……

ひとりの時間を楽しんで、自分をいやしてあげよう！　好きな音楽を聞いたり、本を読んだりして、楽しい気持ちのままゆっくり眠りにつこう。いい気分で眠ることがポイント☆

2/29 ▶ 3/9 生まれ

魅力あふれる魚座

かわいがられるムードメーカー

このタイプのキミは、パッと華やかな魅力の持ち主！　クラスのなかでは、いつもおもしろい発言でみんなをなごませる、ムードメーカー☆　また、とても人なつっこいので、同年代だけではなく、先生や先輩からもよくかわいがってもらえるよ。勉強やスポーツでは、かなりの努力で結果を勝ちとるタイプ。決して器用ではないから、一夜漬けなどはニガテかも。やや気分のうきしずみがあるけれど、それが無邪気で憎めないキャラを作り出して、かえって人気のもとになっているみたい。

男の子から見たキミ
かよわくて、守ってあげたくなる子

やさしそうな雰囲気と、キラキラした瞳を持つキミは、まるで夢見る少女のよう。男の子から見たら、まさに守ってあげたくなるような女の子だよ。

ラブアップひとことアドバイス

女の子とばかり話さないで！男の子とも積極的に

恋のライバルが気になる日。積極的にカレに話しかけて。

魅力あふれる魚座さんの将来と運命

恋愛

ロマンチックな恋愛から結婚へとスムーズに進んでいく可能性が高め。結婚後はしっかり家庭を守っていくタイプだから、仕事を続けたとしても、あくまで家庭を最優先にしてムリをすることはないかも。いつまでも恋人のころの素直さを忘れないキミは、ずっと「かわいい奥さん」でいられるよ☆

仕事

自分でどんどん進めていく仕事よりも、あるていど人から指示を受けながら働くほうが、キミにとってはやりやすいみたい。人のためにつくしたいという気持ちが強いので、人の助けになる仕事はまさに天職！　たとえば福祉関係や看護師など、医療関係の仕事につくと、やりがいを持って働くことができそう。

ハッピーのために今できること

やや優柔不断なところがあるから、恋愛においても相手を困らせてしまいがち。好きじゃない相手とズルズルとつき合わないこと！

とにかく人につくすことが、キミの成功につながる近道！　ふだんからだれにでも親切に接するように心がけよう。ボランティアに参加するのも◎！

"ハッピーがやってくる"といわれている、ひみつの音を授けるよ。126〜129ページをチェックしてね。キミの心にひびく言葉はどれかな？

もし悩んだときは……

いい人すぎて、損な役回りを押しつけられたり、人間関係で悩んでしまったりするかも。ときには、自己主張をすることも大切だよ。本音をぶつけてスッキリしよう！

3/10 ▶ 3/20生まれ ロマンチックな魚座

一目置かれる個性派タイプ

この生まれのキミは、ロマンチックなセンスとするどい頭脳をあわせ持つ芸術家タイプ。ほかの人とは少しちがう「個性的な人」と思われていそう。流行をビンカンにキャッチできるから、おしゃれも上手！ メイクやファッションがひときわおとなっぽいのも特徴かも。勉強や運動は、一点集中型。そのため成績にムラが出ることもあるけれど、だれにも負けない得意な分野がかならずあるはずだよ。またこのタイプの人は、トークの達人！ 魅力的な話しかたで、相手を自分の世界に引きこんじゃう♪

男の子から見たキミ
個性的でおもしろい子

少し独特な雰囲気がキミの魅力♡ ほかの人はマネできないような個性的なセンスの持ち主！ と思われているよ。こっそりファンになっている子も多そう。

ラブアップひとことアドバイス

思わせぶりな態度は×。「好き」はハッキリと！

自分勝手な行動は×。みんなに合わせるといい一日に。

ロマンチックな魚座さんの将来と運命

 恋愛

もともと愛され体質の魚座。恋が始まるまでそれほど苦労せず、合コンや友だちからの紹介で、いいなと思った相手とトントン拍子に結ばれる可能性も高いよ！ 結婚してからも、子どもの教育やしつけは柔軟で、大らかなお母さんとして、いつまでも子どもとなかのいい関係でいられそうだよ☆

 仕事

神秘的なことと縁が深いから、占いにかかわる仕事で成功できそう！ 人間の心の不思議を追究する、心理学関係の仕事にも向いているよ。たくさんの人に愛されるキミだから、どんな職業についても信頼と人気を得ることができるはず☆ なるべく仲間が多い環境で働くと、仕事での成功率がグンとアップ♪

ハッピーのために今できること

言葉にしなくても、相手が自分のすべてをわかってくれて当然という気持ちがありそう。家族や友だちなどに自分の気持ちを伝える努力を忘れないで。

人に流されやすいキミは、「ノー」といえる勇気を持つこと！ すぐに人の意見に同調したり、たのまれたことをなんでも引き受けたりしないように。

もし悩んだときは……

ゆっくりお風呂につかって。いい香りに包まれることで、すべてを忘れてリフレッシュ！ またあしたからがんばろうと、気持ちをリセットすることができるはず☆

"ハッピーがやってくる"といわれている、ひみつの書を授けるよ。126〜129ページをチェックしてね。キミの心にひびく言葉はどれかな？

魚座にささぐ ひみつの書

足は好むところで足踏みをする。
—— エジプトのことわざ

好きなこと、やりたいことは、キミ自身が一番よくわかっているはず！ 自分の心に正直に生きていいんだよ。

楽な人生を願い求めるな。より強い人間になれるように願いなさい。
—— ジョン・F・ケネディ

第35代アメリカ大統領。在任中、テキサス州で暗殺された。

どうしても楽なほうに流されていってしまうよね。でも、強くてたくましい人間になるためには、苦しい道も必要なんだよ。今、苦しいキミ、あしたはきっと、もっと強くなれる！

 あわてて行動すると落とし物をしちゃうかも。気をつけて。

できることから始めるのではなく、正しいことから始めるのです。

―― ピーター・ドラッカー

オーストリア出身でアメリカの経営学者。現代経営学、マネジメントの提唱者。

> キミのなかにある正義を大切に。正しいと思ったことから、スタートしないと、まちがった成長をしてしまうよ。

まくらが助言を運ぶ。

―― フランスのことわざ

> 悩んでいるときは、思い切って寝ちゃうのも手。一晩寝たら、きっと解決方法が見つかっているから！

愛嬌というのはね、自分より強いものをたおす柔らかい武器だよ。

―― 夏目漱石

日本の小説家・評論家・英文学者。『吾輩は猫である』など名著多数。

> まだまだ、キミが勝てない相手ってたくさんいるよね。でも、ニコニコ笑って、ソフトに、なごやかに。たおせなさそうな敵も笑顔には弱いんだよ。

努力だ。勉強だ。それが天才だ。

―― 野口英世

日本の細菌学者。黄熱病の研究などで知られる。

頭がいい人が天才なんじゃない。努力できる人、勉強をし続けられる人が、天才なんだ。

マイナスをプラスに変えること。これは、人間だけにゆるされた能力だ。

―― アルフレッド・アドラー

オーストリアの精神科医・心理学者。現代の心理療法を確立したひとり。

マイナスも考えかたを変えれば、プラスに変身するよ。失敗から学んで、自分のなかの"プラス"をつみかさねていこう！

心身ともにエネルギーがダウン。きょうはのんびりすごそう。

ひとつ失敗するごとに、ひとつ進歩する。

―― 孫文

中国の革命家・政治家。「中国革命の父」として敬愛され続けている。

次は、その失敗をくり返さなければ、それだけで成長だよ。

なにごとも楽しんでやりなさい。

―― 孔子

春秋時代に生まれた中国の思想家・哲学者。儒家の始祖。

イヤなことも苦しいことも、一度楽しんでやってみて。楽しんでやることで、思わぬ力が発揮されることもあるのだから。

大器を作るには、急ぐべからずこと。

―― 吉田松陰

幕末の志士。明治維新の精神的指導者といわれている。

じっくりゆっくり進んでいこう。あせらず取りくんだ人が、将来、大きなことをなしとげるんだ。

ちょこっとおまじない その1
〜運を味方につけたいとき〜

ありがとうの魔法
お昼の12時ピッタリに、「ありがとう」と小さな声でいいましょう。自然にみんなにやさしくなれて、幸運をまねきやすくなるんだって！

手たたきで不運バイバイ
「なんかツイてないな」と思ったときは、ジャンプしながら手をたたこう。大きな音を出すほど、ビッグな幸運がまいおりてくるはず！

キュートな笑顔の秘訣
リップクリームの表面に、安全ピンで、自分の下の名前のイニシャルをほって。毎日使えば、よりキュートな笑顔に！

笑顔の呪文
朝、学校へ行く前に鏡の前で「ルイマスーピッハ！」と3回となえて。その日一日は、不思議といいことが起こるんだ♪

ねこに注目
登校中にねこを見かけたら、心のなかで「シンノカケラ」って話しかけて。学校で起こるアンラッキーなできごとからのがれられるの！

スターアゲイン
夜、楽しかったことを思いうかべよう。それから夜空を見上げて、星を見つけることができれば、うれしいできごとがまた起こるはず！

ふでばこトントン
ふでばこの中身を全部出し、トントンと2回ふでばこをたたきます。それから中身を入れ直せば、ものごとがスイスイ進むよ。

くつひもに願いを
一度、くつのひもをほどいて深呼吸をしながら結び直してみよう。気分を切りかえることができて、勇気がわいてくるよ！

アメリカン・スター
星のマークのついたグッズを2つ身につけて。やる気がわいて、一日をハッピーな気分ですごすことができるはず☆

お肉で元気
ごはんや給食で、お肉が出てきたら、食べる前に「ニク、ジューハチ！」と心のなかでとなえてね♪ラッキー体質になれるよ！

リラックスできる日。散歩してきれいな空気を吸うとグッド。

最初の印象♡
見た目 チャームポイント

キミの魅力をザクザク発掘していくよ。見た目のチャームポイントがわかったら、どんどんみがいて、かわいくなっちゃおう♪
えらんだ答えがさす番号へ進んでいこう！

START

Q1 いつもどっちの方法で起きる？

目覚まし時計で起きる ▶ Q2へ

だれかに起こしてもらう ▶ Q3へ

Q3 登校中、電車をおりようとしたら、たくさんの人が乗りこんできた！ キミはどうする？

大声で「おります！」とさけぶ ▶ Q6へ

人の波に押されたまま次の駅へ ▶ Q7へ

Q4 ダッシュで学校へ向かうとちゅう、スーツの男性とぶつかりそうに……！ とっさに出た言葉は？

すみません！ ▶ Q5へ

ちょっと危ないでしょ!! ▶ Q7へ

Q2 「うわぁ～！○○がキマらないよー！」さて、なにに手間どっていると思う？

ヘアスタイル ▶ Q4へ

コーディネート ▶ Q5へ

Q5 きょうは算数の小テスト。テストのときのキミはどっちのタイプ？

時間ギリギリまで見直す ▶ Q7へ

あまり見直さずに提出 ▶ Q8へ

毎日占い　双子座の人と情報交換すると、おもしろい話を聞けそう。

Q9 クラブ活動の成績がのび悩み、先生からよび出しが。いわれてうれしいのはどっち？

お前ならかならずできる！ ➡ A

あんまりがんばりすぎるなよ ➡ B

Q6 授業中、ビックリしたことが!! さて、それは？

友だちが白目で寝ていた ➡ Q5へ

好きな人からアツ〜い視線を送られた ➡ Q8へ

Q7 きょうは理科の実験の日。こんなときのキミは、どっちのタイプ？

みんなをリードする ➡ Q9へ

いわれたことをやる ➡ Q10へ

Q10 待ちに待ったお昼休み♪ 給食の食べかたはどっち？

好きなものを最後にとっておく ➡ C

好きなものから食べる ➡ B

Q8 ぼーっとしていて、先生の質問を聞きのがしちゃった……。とっさにとった行動は？

「聞いていませんでした」とあやまる ➡ Q11へ

お茶目なポーズで笑いをとる ➡ Q10へ

Q11 この先生はいつも○○をひいきするのが特徴。○○はどっち？

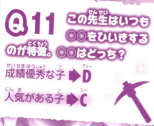

成績優秀な子 ➡ D

人気がある子 ➡ C

診断Bのキミへ

見た目チャームポイント

スラリとした きれいな手足

キミはスラリと長くてきれいな手足の持ち主！　そんなスタイルのよさが映える、スマートな歩きかたや、キリッとした立ちすがたがチャームポイント。モデルさんのような美しさにうっとり♡

💎活用ドキ💎
自分の意見をとおしたい ときに胸を張る

体にフィットする服を着ると、かがやき度がMAXに！　自分の意見をとおしたいな、というときは、背筋をのばして胸を張って。周囲が話を聞いてくれるはずだよ。

診断Aのキミへ

見た目チャームポイント

相手をドキドキ させちゃう瞳♡

思わず引きこまれてしまうような瞳の持ち主！　見つめる相手をドキドキさせたり、ときにはやさしい気持ちにさせたりしそう。言葉に出さずに、目ヂカラでうったえかけると、思いが伝わるよ。

💎活用ドキ💎
話すときは真っすぐ 目を見つめて

相手を真っすぐに見つめて話すようにすると、好印象とインパクトをあたえられます。目がつかれていると効果半減……。睡眠をよくとるように心がけて。

毎日占い　友だちや男の子から遊びに誘われるなど、うれしい一日に♪

診断 D のキミへ

見た目チャームポイント

つやつやうるるん♪ 美しい髪

キミのチャームポイントは、手入れが行きとどいたきれいな髪の毛。キラキラ輝く天使の輪、風になびくサラサラヘア、そしてほのかに香るシャンプーのにおいに、みんながホレボレしちゃいそう!

活用ドキ

アピールポイントでかき上げる

ここぞというアピールポイントでは、さりげなく髪をかき上げると効果バツグン！　サラつや＆うるふわな髪でいるためにも、毎日のケアをかかさないようにね。

診断 C のキミへ

見た目チャームポイント

男子をトリコにできちゃう声☆

ズバリ、キミのチャームポイントは声！　将来は、歌手や声優として活躍することができるかも!!　自慢の声でおねだりしたり、男の子に話しかけたりすれば、いつの間にかモテモテに♡

活用ドキ

うれしいときは声に感情をこめて！

うれしいときはうれしそうに、悲しいときはつらそうに……と感情をこめて話すようにしてみて。聞く人の心を動かすような美声に、今以上にみがきがかかるよ。

自分では気がつきにくい!?
雰囲気チャームポイント

次は雰囲気チャームポイントを発掘していくよ！「自分の雰囲気ってわからないよ～（涙）」という人も多いのでは？さっそくチェックしてみよう♪

えらんだ答えがさす番号へ進んでいこう！

START

Q1 放課後、友だちとファーストフード店でおしゃべり。キミが注文したのは？

ジュース ➡ **Q2**へ

ホットドリンク ➡ **Q3**へ

Q4 急に髪を切りたくなって美容院へ。そのわけは？

かわいい髪型の女の子を見かけたから ➡ **Q6**へ

イケメン美容師からチラシをもらったから ➡ **Q7**へ

Q2 これから友だちの買い物につき合うことに。キミはどっちの買い物のパターンが好き？

ひとりでゆっくりえらぶ ➡ **Q3**へ

だれかにえらんでもらう ➡ **Q5**へ

Q3 お店で、店員さんにまったく好みじゃない服をすすめられたキミ。どう断る？

ハッキリと「好みじゃないので」という ➡ **Q4**へ

「ちょっと考えます」「ほかも見てから……」とにごす ➡ **Q5**へ

毎日占い なんだかうまくいかない日。でも人のせいにするのは×。

Q9 帰宅後、鏡を見ながらにやけちゃうキミ。なにを考えている?

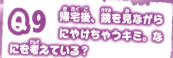

この髪型、にあってる♡ ▶B

美容師さん、カッコよかったな ▶A

Q5 ステキなヘアサロンを見つけ、入ってみることに。イケメン美容師に「どうしますか?」と聞かれて、なんて答える?

お任せします ▶Q6へ

芸能人の○○さんみたいにしたいです ▶Q7へ

Q6 アシスタントの女性がシャンプーしてくれることに。いわれてうれしいのはどっち?

きれいな髪ですね ▶Q8へ

顔、小さいですね ▶Q9へ

Q10 夕食中、携帯電話に着信が。そのとき、キミの行動は?

すぐにチェック ▶C

とりあえず食事を続ける ▶B

Q7 美容師さんが、「このあとどこか行くんですか?」と聞いてきました。特に予定はないけれど……どう返事する?

家に帰るだけです ▶Q10へ

これから友だちと遊びに行きます ▶Q9へ

Q11 なかなか寝つけない……。こんなとき試したいのはどっち?

むずかしそうな本を読んでみる ▶C

羊を数えてみる ▶D

Q8 鏡でしあがりを見て、もっと切ってもいいかなと思ったキミ。美容師さんに「こんな感じでどうですか?」と聞かれ、とっさに返した言葉は?

だいじょうぶです ▶Q11へ

もう少し切ってください ▶Q10へ

診断Bのキミへ

【雰囲気チャームポイント】

すぐになかよく なれる親しみやすさ

キミのチャームポイントは、ズバリその親しみやすさ！ 友だちからは「気をつかわずに話せる子」と思われているよ。少し乱暴な言葉をつかっても「おもしろい子！」と受けとってもらえるから、かえってなかよくなれるかも☆

💎活用ドキ💎

元気づけたいときには 一発ギャグを

親しくなりたい人や元気づけてあげたい友だちには、ジョークや一発ギャグで軽～く笑いをとって。相手は大ウケして、一気に距離が縮まりそう！

毎日占い　午後から運勢ダウン。たのまれたことは早めにおわらせて。

診断Aのキミへ

【雰囲気チャームポイント】

なにをしたって、 全部が華やか☆

明るいしぐさに華やかなファッションなど、女の子として"華"があるキミ。発言や行動が目立ち注目されることが多いので、自然とチヤホヤされるタイプだよ。ワガママをいっても、よろこんで聞き入れてもらえそう♪

💎活用ドキ💎

しずんだムードの ときこそ出番！

くら～い雰囲気を明るくしたいときこそ、キミの出番。とびっきりの笑顔で少しオーバーぎみに身ぶり手ぶりをまじえながら話すと、その場がパッと明るくなるよ。

診断Dのキミへ

雰囲気チャームポイント

守ってあげたくなる かわいらしさ

表情やしぐさにあどけなさが残る印象のキミのチャームポイントは、なんといっても「かわいらしさ」。行動がどことなく危なっかしくて、たよりなさげ。思わず守ってあげたい、って思われるタイプだよ！

💎 活用ドキ 💎
ピンチのときは モテ動作がカギ

上目づかいや少しおさない感じの話しかたをするなど、モテ動作がピンチを切りぬけるのに効果的♡ 好きな男子の前では、思い切りしょんぼりしてみせるのも◎。

診断Cのキミへ

雰囲気チャームポイント

女の子らしい ふんわり感♡

おっとりしていて、おだやかな雰囲気のキミ。周囲からは「女の子らしくて、気配り上手！」「いっしょにいていやされる子」と思われていそう。ほんわかしたなかにも、芯の強さがあるから、みんなから好感を持たれるよ。

💎 活用ドキ 💎
ゆったり動作で 周囲をいやして

話を親身になって聞いたり、友だちの洋服の乱れを整えてあげたり、気配りとゆったりした動作を心がけて。キミのいやしパワーで、相手の心をほぐしてあげて♪

\ 気軽に試して☆ /
ちょこっとおまじない その2
～ピンチのとき～

ときの流れの呪文
どう考えてもチコクしちゃう!! そんなときは、「ときの流れよゆるやかに」ってつぶやきながら急いで。被害が小さくすむの。

なでなでパワー
急なテストの前に、自分より成績のいい子に頭をなでて手をにぎってもらおう。頭の回転が速くなって、スラスラ問題が解けちゃうよ。

視線のマジック☆
先生や親に怒られそうなとき、相手の目をじっと見て話を聞いてみよう。あんまり怒られずに切りぬけられるんだ！

イライラの予防法
どうしてもイライラしちゃう……そんなときは、左胸に右手をあてて、17秒間目を閉じて。リラックスしておだやかな気持ちになれるよ。

心をしずめる呪文
イラッとしたときに心をしずめる呪文。「イチはイチゴ、ニはニンジャ、サンはサンマ」とゆっくりとなえるだけ。怒りがおさまるはず★

イヤなことがすぐおわる！
右手の人差し指で、左の手のひらに「QED」と書き、息を吹きかけるの。そうすると、ゆううつな時間が早くすぎさっていくよ。

あげあげオデコ
クラブ活動で実力が出せないときは、オデコに指で火星のマーク(♂)をかいてみよう。気づいたときには調子がめちゃよくなっているよ。

青ペンのおまじない
友だちとケンカしたら、右手の小指のつめに青いペンでケンカした日にちを書こう。その指で友だちのくつ箱をさわると仲直りできるよ。

バイバイバイセコー
赤い自転車を見かけたら、「バイバイバイセコー！」と小声でつぶやいて。いつの間にか、ニガテな人ともお話できるように！

空中ノック3回
ニガテな先生と緊張せずに話すには、空中で3回「トン、トン、トン」とノックしてから話しかけて。自然に話すことができるはず♪

ひかえめにすごすといい日。人の話をしっかり聞いて。

かわいい動物たちがナビゲート！
めちゃかわ♪ 動物占い

動物たちとふれ合っていくお話を読み進めながら、
あなたのことが診断できちゃう！
基本性格はもちろん、どんな恋をするかもわかっちゃうよ。
友だちといっしょに占って、ワイワイ盛り上がろう♪

はりねずみの不思議な一日

明るくフレンドリーな犬の『ララ』

ある日、知らない森のなかで目ざめたあなたは、なんと「はりねずみ」になっていました！
「え～！ あたし、どうしてこんなになっちゃってるの？」
目の前には、森の道が続いています。
「この森には、だれかいるのかなあ？」
手がかりを求めて、あなたはとにかく、道を進んでみることにしました。

ひとりぼっちで歩いていると、だんだん不安になってきました。
「もう人間にもどれないのかな。」
あなたはとうとう泣きだしてしまいます。
「うわああああん！」
すると、森の奥から大きな犬があらわれて、話しかけてきました。

毎日占い　寄り道をすると、ついついムダづかいをしてしまいそう！

「どうして泣いているの?」

鼻を近づけてクンクンされ、体をぎゅっと縮めると、とがった針が犬の鼻先にチクン!

「あっ! 大変。」

犬は体をブルブルッとふるわせて、

「だいじょうぶ! 全然痛くないよ。」

とニッコリ笑ってくれました。

そしてやさしく近づいて、あなたの涙をなめてくれました。

「おなかすいたの? どこか痛いの?」

「ううん、ちがうの。ひとりぼっちでさびしくなってしまって……。」

「心配しないで。一度お話ししたら、わたしたちはもうお友だちじゃない♪ わたしはね、犬のララ。」

ララは、あなたのまわりを歌いながらまわり始めました。

♪ここはハッピーな楽しい森〜
お花と緑がいっぱいで
み〜んなすぐにお友だち〜!

ゆかいな動きと歌に、あなたもいつの間にか笑顔になっていきます。

「いっしょに歌おう!」

ララに誘われていっしょに歌っているうちに、元気が出てきました。

「ありがとう! あたし、もう少しこの森を探検してみるね!」

おしゃれで気分屋な ねこの『ミュー』

次に出会ったのは、真っ白なねこです。
「あら、はじめて見る顔ね。迷子かしら？」
ねこが木の上から見おろしています。
「えーと……森を探検しているの。」
「ふうん。」
と、ねこは、しっぽをピンと立てました。頭にかわいいピンクのリボンを結んでいます。
「あの、あなたは？」
「あたしはねこのミュー。」
「ステキなリボン……。」
ミューは、大きな目をキラリと光らせました。
「ふふ！このリボンはあたしのお気に入りなのよ。」

「にあってる！」ミューが木の上からおりてきました。
「ねえ、はりねずみさん、あなたもリボンを結んでみたら？」
あなたは、トゲトゲの自分を見ました。
「でも……あたし、こんなだから、リボンなんてにあわないに決まってるわ……。」
すると、ミューが自分の頭のリボンをほどいて、あなたに結んでくれたのです。
「うん、いいわ！あなたにもにあうわね。そのリボン、あげるわ。じゃあね。」
あなたは、もっと話したいと思いましたが、ねこのミューは、ひらりと木の枝に飛びのって、どこかへ行ってしまいました。

健康運がイマイチ。ケガに気をつけてすごそう。

もの知りで頭がいいインコの『ミドリ』

「はりねずみさん。」

よびかけられて、あなたはあたりをきょろきょろ。

とつぜん、緑色のインコがまいおりました。

「森を探検しているって聞いたわ。」

これまでのことを話すと、インコのミドリは、ふむふむとうなずきました。

「なるほど。あな たは、この森じゃない、ちがう世界からきたのね。」

「うん、そうなの。」

「なぜはりねずみになってしまったのかしら？」

あなたは自分の体を見まわしました。トゲトゲチクチクの体。

「わからない……もしかして、あたしの心がトゲゲチクチクしているから？」

すると、ミドリはやさしくほほえんで首を横にふりました。

「トゲトゲのはりねずみはね、本当はとても弱い動物なのよ。自分を守るために、トゲにおおわれているの。」

「そうなの？ ミドリちゃん、もっと教えて。」

ふたりは、それからたくさんおしゃべりして、お別れしたのです。

かけっこ大好きなリスの『クッキー』

「ハ～イ!」という声がして、いきなり目の前に、リスがあらわれました。

「あなたがはりねずみさんね! あたしはクッキー。よろしくぅ～★」

そういって、クッキーは猛ダッシュで走ってきました。

「ハリに気をつけてね!」

「平気、平気! ステキなハリね! 白くてツンツンしていて、ツンツンでカッコいい。」

そんなふうにいわれたのは、はじめて。

「丸まってみせて!」

あなたはくるりと、丸まってみせました。

「すごいすごい!」

クッキーは手をたたいて大よろこび。まるでハリのボールのようです。

「はりねずみさん! ころがりかけっこしよう! あたしは木の上を走るから。」

「よーい、ドン!」

最初はクッキーの楽勝。

「次は負けない!」

何度も、ころがり遊びをしているうちに、ハリだらけの体もいいかもしれないと思えてきました。

最後はふたり同時にゴール!

「ああ! 楽しかった!」

「うん! クッキーちゃん、またいっしょに遊ぼうね!」

毎日占い　みんなから大人気! ノリのよさが人気を集める予感。

146

さびしがり屋のウサギの『ホワイト』

「だれかいませんかー。」という声に、あなたは「ここにいますよー。」と答えました。
すると、白いウサギがきょろきょろしながらやってきました。

「みんなを見なかった?」
「みんなって?」
「友だち。遊んでいて、はぐれちゃった。」
「それなら、いっしょに捜してあげる。」

ウサギのホワイトは、「本当はね……。」と話してくれました。

お友だちとケンカをして、ひとりで森にかくれていたというのです。
「でも、ひとりで歩いていたら、さびしくなっちゃって……。」

ホワイトの話を聞いているうちに、あなたは、自分も友だちとケンカしていたことを、思い出しました。

「あたしも同じだからわかる。泣きながら寝たら、こんなトゲトゲチクチクのはりねずみになっちゃっていたの。」

ホワイトは、あなたの背中をそっとなでてくれました。

「トゲがささっちゃうよ。」
「だいじょうぶ。」

なでてもらっているうちに、あなたはいつの間にか、眠ってしまいました。

そして、目ざめると自分のベッドで、いつものあなたにもどっていたのです。
「思い出した！　親友の美華ちゃんとケンカをしていたんだ……。」
森で出会った動物たちは、あなたに友だちといっしょにいることの大切さを教えてくれたのかもしれません。
「きょうこそ、美華ちゃんと仲直りしよう！」
そう決めて、あなたはベッドから起き上がりました。

診断

ここまでに登場した動物のなかで、一番なかよしの友だちになれそうだと思った動物はだれかな？

  P148へ！

  P149へ！

 P150へ！

犬のララ

が 一番の友だちになれると思ったあなた

基本性格

あなたはちょっぴり内気ではずかしがり。でも、とっても友だち思いで親切。友だちのために、なんでもしてあげたいと思うタイプなんだ。友だちを楽しませようという気持ちから、人を笑わせることが大好き！　ちょっとした失敗談も、おもしろおかしく話せちゃうの。やさしくておもしろいから、クラスの人気者に♡

恋性格

あなたは恋をすると、相手にあう自分になりたいと、努力するタイプ。勉強も運動も、すごくがんばるようになるみたい。一対一だと緊張しやすいから、さいしょはグループデートがオススメ☆　パターンとしては、友だちから恋人になることが多そう。いつか、一番なかよしの男の子が、恋人になっているかも！

毎日占い　新しいことにチャレンジするとラッキー☆　挑戦あるのみ。

ねこのミュー が一番の友だちになれると思ったあなた

基本性格
あなたは、いつでも自分らしくいたいと思う、個性派。人は人、自分は自分と考える、ちょっとおとなっぽい感性の持ち主だね。絵をかいたり、なにかを作ったり……なんてことも得意なはず。将来は、デザイナーやアーティストになるかも。あなたのまわりに集まる人たちも個性的で、センスがある人たちだよ。

恋性格
あなたは恋をすると、とたんにあまえたがりなキャラに大変身しそう☆ 好きになったら、その人しか見えなくなっちゃう。あまえたり、すねてみたり……、好きな人にはつい、ワガママをいいたくなってしまうみたい。そんなあなたには、やさしくて心が広い人がおにあい！ いつまでもラブラブな関係でいられるはず。

インコのミドリ が一番の友だちになれると思ったあなた

基本性格
あなたは頭がよくて、論理的にものごとを考えるのが得意！ 見た目にまどわされたり、感情に流されずに、なにが一番だいじなのか、しっかり考えて行動できるタイプだね。ものごとの深いところまで見ぬく力もあるみたい。あなたのことを心から理解してくれる友と、深く長いつき合いをしていけそうだよ。

恋性格
あなたが好きになるのは、ズバリ尊敬できる人。年上の人や、先生にあこがれて恋することになるかも。片思いすると、恋のポエムを書きたくなっちゃうのでは!? でも、ベタベタしたり、あまえたりするのはニガテ。恋人になっても、ずっといっしょにいるのではなく、ひとりでいる時間も大切だと考えるタイプだね。

リスのクッキー

一番の友だちになれると思ったあなた

基本性格

あなたはいつでも前向きで明るい子。細かいことは気にしない、大らかなところが魅力だね。悩んだり迷ったりしても、一晩寝るとスッキリしちゃう。そして、じつはあなたにはスポーツの才能が眠っているんだ！ 将来は、たくさんの人に勇気と元気をあたえる仕事につきそう。みんなから愛されるキャラだよ。

恋性格

あなたは一目ぼれしやすいタイプ。そして恋をすると、とても積極的になりそう☆ 好きな人がいるだけで、朝早く起きられるようになったり、今まで以上に勉強もがんばれたり、ニガテなことにも取りくめたり……。あなたにとって、恋はパワー！ 好きな人が、あなたに大きな力をあたえてくれるんだ♡

ウサギのホワイト

一番の友だちになれると思ったあなた

基本性格

あなたはさびしがり屋で、感受性豊かな子。友だちのよろこびをいっしょによろこび、友だちの悲しみをいっしょに悲しめるタイプだよ。感じやすいぶん、傷つきやすくてデリケート。小さなことで悩みやすいんだね。でも、本当の友だちとはどんなトラブルものりこえていけるはずだから、心配しないでね。

恋性格

あなたは恋をすると、心配ごとが多くなってしまうかも。好きな人のことが気になり不安になってしまうんだ。だから「好きな人とずっといっしょにいたい。」と強く思うみたい。恋愛すると、カレのことしか考えられなくなりそう。自分の趣味を持つようにすると、ちょうどいい関係が長く続いていくよ！

細かいことにイライラしそう。いい香りをかいでリラックス。

あしたからの恋、全部教えてあげる♡

恋のYES&NOチェック

Yes No

ここでは、キミの恋愛について占っちゃうよ！
気になるカレの気持ちや理想の相手などなど、
とことんチェックしていこう♪

こんな子!!
女の子の魅力を10個紹介♪
きっと今よりモテモテに！

法則3 質問上手はおしゃべり上手♡

会話上手な子はいっしょにいて楽しいよね♪「ピンクは好き？」のようなYES、NOで答えられる質問ばかりじゃなく、「どんな色が好きなの？」などの質問をして、会話を広げていける子が人気だよ。

法則1 元気に明るくあいさつする

「おはよう！」とイキイキした声であいさつされると、自分も元気よく返したくなるよね？ まわりを明るい空気で包むハッピーオーラのある子は大人気！ 元気な声を出したり、軽やかに歩いたりすることを心がけて♪

法則4 失敗しても次にいかせる

失敗したあと、グチったり人のせいにしたり「だから自分はダメだ」と思っちゃうのは印象×！ 失敗したら「ゴメンナサイ」とあやまって、「次はもっとがんばるね！」といってみて。

法則2 イヤだったことは忘れる

自分がされてイヤだと思ったことは、早めに忘れてしまうこと！ いつまでも「あのとき、こうされてイヤだった」と考えすぎないで。楽しいことを考えて、人生を前進させよう♪

法則5 一日20分の読書をかかさない

頭を働かせて、想像力をふくらませてくれる読書は、自分の内面に向き合う作業でもあるよ。短くても自分を見つめる時間を作って、心の成長を目指しましょ☆

一日中ハッピー☆ 前からほしかったものが手に入るかも！

法則 6 どんなことにも感動できる

小さなことに感動できる子は、話題や表情が豊かになってステキ☆ そのために日ごろからいろいろな場所に行ってみたり、たくさんの友だちを作っておしゃべりしたりしてみよう!

法則 9 完ぺきじゃない自分も大好き!

自分の欠点はなるべくかくしたい……って思いがちだけど、あえて見せるほうが◎。"完ぺきではない"という一面を見せることで、男の子も親しみを感じてくれるように。自分のダメなところを明るくサラッと口にできれば、相手も心を開きやすいはず。

男の子にモテるのは

男の子が夢中になっちゃうぜ〜んぶ身につけたら、

法則 7 ひとりの時間をすごせる

じつは、ひとりの時間って自分をみがくために大切な時間なの☆ 友だちとワイワイするのも楽しいけど、ひとりで絵をかいたり、手芸したりする時間を作ってみて。

法則 10 おしゃれに気を配る

コンビニに行くときも、おしゃれに気を配ってみて。だれに会ってもだいじょうぶ、という自信が外見にあらわれて、表情がパッと華やかになるよ。お気に入りの洋服やヘアアクセを身につけるだけでも◎。

法則 8 口角をキュッと上げる

だまっているときは、口角(口の両はし)をキュッと上げてみよう。なにもしていなくても、ほほえんでいるだけで幸せがやってくるんだ!

テスト1

愛され女の子の法則がわかったら、さっそく恋について占おう♪

キミにピッタリのカレはこんな人!!

キミのいつもの行動から、ピッタリの男の子のタイプがわかっちゃうよ。
質問を読んで、それぞれYESなら➡に、NOなら⮕に進んでいってね。

START

- 夏は海に行ったり、プールで泳いだりするのが楽しみ
- 運動クラブに入っている
- 遅刻しそうでも朝ごはんは絶対食べる
- 長電話をよくするほうだ
- 寝るのは11時をすぎることが多い
- 授業中、手を上げることはあまりない

毎日占い：体調がイマイチかも。朝ごはんをしっかり食べよう。

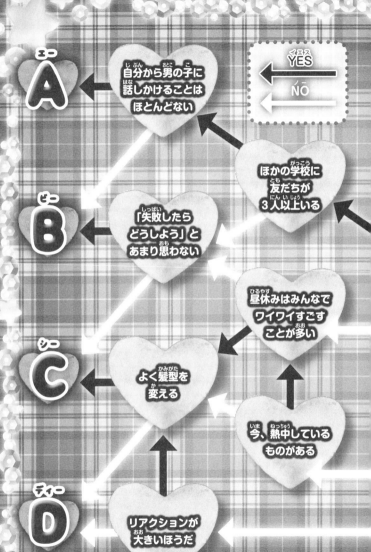

結果

A お茶目な年下BOY

しっかり者で、お姉さん的存在のキミには、茶目っけたっぷりな年下の男の子がピッタリ！みんなのめんどうを見てつかれても、カレといっしょにいると心がなごみ、たちまち元気に☆年下BOYのやんちゃっぷりが新鮮に感じられそう。弟のようにかわいがっているうちに、恋が生まれそう！

B たよれるみんなのリーダーBOY

キミにふさわしい男の子は、運動クラブのキャプテンやクラスのリーダー格などの、みんなからたよられているタイプ。小さなことにもよく気がつくキミは、カレのいい補佐役になってあげられるの。話を聞いてあげたり、協力し合ったりしていくうちに、自然といい雰囲気になっていることが多いみたい♡

毎日占い　運気はダウン。友だちにかくしごとをするのは×。

C

おさななじみBOY

キミにおにあいの男の子は、あまり目立ったことはしないけど、気がつけばいつもいっしょにいる、おさななじみのような存在の人。遠慮せずになんでも話すことができるから、いつだってナチュラルでいられるみたい。友だちから一歩進むために、まずはふたりで遊びに行くことから始めてみては!?

D

やさしいお兄さんBOY

キミが心うばわれやすいのは、ちょっぴりおとなっぽい年上の男の子。同じクラブのセンパイや友だちのお兄さんを好きになることが多いかも。キミのことを妹のようにかわいがってあまえさせてくれる……それがたまらない!? 年上ならではのさりげない気づかいに、思わずキュンとしちゃうかも。

テスト2

あの人は、キミをどう思ってる!?

気になる存在の男の子を思いうかべながら占ってみよう。
カレの気持ちがわかっちゃうかも！

START

自分の好きな本やマンガを「読んでみて」とすすめてくる

↓

自宅の近所でバッタリ会ったことがある

↓

キミのことを「さん」づけでよぶ

↓

5分以上会話が続かない

↓

しょっちゅう目が合う

まわりの人を積極的にほめると、あなたの運気もアップ！

恋のYES & NOチェック

YES →
NO →

A ← 通学中によく会う

キミの持ち物をよく借りる

B ← キミが忘れ物をしたとき、かしてくれたことがある

大勢で家に遊びに行ったことがある

C ← 髪型を変えたら気がついてくれる

好きな歌手などの話で盛り上がることが多い

D ← 下の名前でよばれたことがある

A

大切(たいせつ)な親友(しんゆう)

カレはかなりキミに心(こころ)をゆるしているみたい。なんでも話(はな)せて、リラックスできる相手(あいて)、それがキミ☆ ほかの女(おんな)の子(こ)に話(はな)すより、キミに話(はな)したほうが盛(も)り上(あ)がるし楽(たの)しいって感(かん)じているのかも。異性(いせい)ではあるけど、大切(たいせつ)な親友(しんゆう)としてとても信頼(しんらい)されているよ。

結果(けっか)

B

相談相手(そうだんあいて)でライバル

好(す)きとか嫌(きら)いとか、そういう感情(かんじょう)ではないみたい。キミのことはよき相談相手(そうだんあいて)でライバルだと思(おも)っていそう。カレのほうは「キミに負(ま)けたくない!」という情熱(じょうねつ)を燃(も)やしているよ。おたがいがレベルアップしていけるなんて、最高(さいこう)の友(とも)だちだね!

金運(きんうん)がダウン。ほしいものがあっても、きょうは買(か)わないで。

C あこがれの女の子

カレにとって、キミは心ひそかにあこがれている存在。カレはまちがいなくキミを熱い思いで見つめているはず♡　たくさんいる女の子のなかで、ひときわ目を引くキミとなんとかしてなかよくなりたいと、チャンスをうかがっているかも!?

D クラスメイトのひとり

カレにとって、キミはなかよしクラスメイトのひとり。学校生活をエンジョイするのには、キミのようなノリのいい女の子が必要だと思っているみたい。今は「仲間」だけど、キッカケがあれば、恋の階段をのぼり始める可能性も……♡これからに期待！

テスト3
まきこまれそうな恋のトラブル

気がつかないうちにハマってしまう恋のトラブルはコレ!! YES、NOを直感でえらんで答えてね。

START

3日前に見た夢をハッキリ覚えている

自分には霊感がまったくないと思う

左利きの男の子ってカッコいいと思う

毛虫よりもヘビのほうが嫌い

YES →
NO →

毎日占い　午後から運気がダウン。家族との団らんがいい気分転換に。

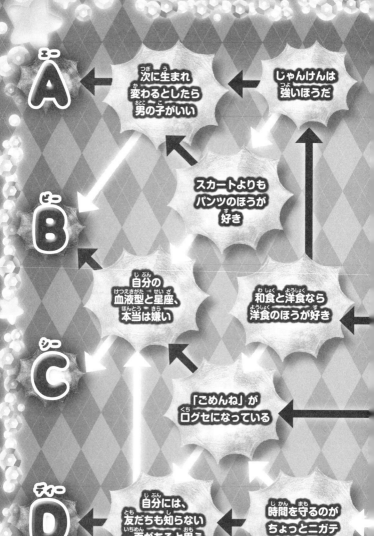

好きでもない人に告白されちゃう

自分では気がついていないかもしれないけれど、じつはキミは男の子にとって、かなり魅力的なタイプ。そのせいで、あまり話したことがない人や好きでもない人に告白されちゃう……なんてトラブルが発生しそう。しかも断れない性格だから、そのままズルズルとおつき合いしてしまうかも。ハッキリ断る勇気を持とう！

結果

片思いの相手がみんなにバレる！

キミはとっても素直でウソがつけない人。思っていることや考えていることが、すぐに顔や行動に出てしまっているみたい。ちょっとした視線やしぐさで、片思いの相手がだれなのか、クラスのみんなに知られてしまう……なんてトラブルの心配も。バレるのがイヤなら、できるだけ平常心をキープするようにね♪

毎日占い　友だちの意見に従うより、きょうは自分のカンを信じよう。

C どっちの人が好きかわからない!?

キミが直面しそうな恋愛トラブルは、「どっちの人が好きかわからない！」というケース。やさしくて思いやりあふれるキミは、人をくらべたり差をつけたりするのがニガテなタイプなの。そのため「AくんもいいけどBくんもステキ」というように、ひとりに決められなくなりそう。ひとりに決まるまで、アタックは待って。

◆診断

D 友だちと同じ人を好きになる

やさしくて思いやりあふれるキミがまきこまれそうなのが、友だちと同じ男の子を好きになってしまうというトラブル。友だちの立場になってものごとを考えるから、ついつい同じ気持ちになってしまうのかも……。恋も友情もどちらも大切だから、ピンチのときほど冷静に、落ち着いて行動するように心がけよう！

気軽に試して☆
ちょこっとおまじない その3

〜友情のおまじない〜

ホントの気持ち手紙
ケンカをした友だちと仲直りしたいときは、気持ちを手紙に書いて。手紙はわたさなくてもOK。自然に自分の気持ちが伝わるんだって♪

イチゴキャンディーのおまじない
イチゴキャンディーを12個持ち歩きます。1週間以内に、全部を友だちに配れたら、新しい友情が芽生えるの♡

ピアノの右手
友だちとの会話がとぎれちゃったら、胸のあたりを、ピアノを弾くようにトントンしてみよう。話題がどんどん見つかるんだ。

緑のつるのおまじない
緑色の折り紙で、つるを2羽折って。満月の夜、2羽のつるを外において、月の光にさらしておこう。そうすれば、友情がグンと深まるよ。

友情、永遠に♡
8センチに切った黄色いリボンを用意して、リボンの両はじに無限大のマーク（∞）を書こう。それをカバンに結べば、友情は永遠だよ。

リンリン♪ 金の鈴
小さな金色の鈴を用意してね。その鈴にピンクの細い糸をつけて、朝学校に行く前に鳴らして♪ 毎日続けると、クラスの団結力がアップ！

レモンで元気アップ！
友だちになりたいと思っている子に話しかけるなら、当日の朝はレモン味がするおかしやジュースを口にして！ 勇気がわいてくるはず☆

ピンクのハンカチ
夜寝る前に、ピンクのハンカチにお気に入りのアクセサリーを包んで。そのアクセサリーを持って学校に行けば、友だちとの絆が強くなるの。

赤いビーズ
ポーチのなかに赤いビーズを1粒入れておくと、友だちの輪が広がるんだって☆ クラスがえ、席がえの日に試してみて♪

離れてもずっと友だち
キミが好きな香りを、転校などでバラバラになってしまう友だちの持ち物につけて。離ればなれになっても、ずっと友だちでいられるよ。

 テキパキ行動するほど運気アップ。じっと座っているのは×。

キミの裏表がわかっちゃう！

天使&小悪魔診断

天使 → ← 小悪魔

天使と小悪魔がキミの
"表の顔"と"裏の顔"をあばいちゃうよ！
自分でも気づかなかった、新たな一面が発見できるかも。
みんなでいっしょに占ってみよう♪

天使と小悪魔がささやく 運命数 1 のキミ

 運命数1のキミは、ナンバーワンになれる人よ！
勇気があって、がんばり屋さん！
勉強でもスポーツでも一番になれるわ！

 一番の負けず嫌いだよね

 みんなを引っ張っていくリーダータイプだからよ

 一番短気で、一番そそっかしくて。
忘れ物も多いんじゃない？

 人の話をあんまり
聞いてないんだな

 でも、人を気にせず、自分の道を
いくのは、キミのいいところよ

 キミって、人と同じは嫌いだよな！
わかるぜ！

 それでいいのよ。だからキミも、
自分らしさを大切にしてね

 好きなことしてるときのキミが一番！

 いろんなことに
どんどんチャレンジしてね！

天使と小悪魔がささやく 運命数 **2** のキミ

 運命数2のキミは、とっても愛情深い人よ！ みんなから好かれて、愛されて幸せになれるわ！

 人の気持ちを、とても細やかに感じとることができるの

 だから、まわりに流されやすいんだ

 人をキズつけたくないのよ

 嫌われるのがこわいんだろ

 当たり前でしょ。だれだってそうよ

 少しはワガママをいえばいいのに

 自分よりも相手をだいじにするのは、キミのすばらしいところよ

 だからみんなに好かれるのか〜

 自分に自信を持って！

 おれも応援したくなったよ！

 なにをやっても成功しそう。はじめてのことにも挑戦しよう！　170

天使と小悪魔がささやく 運命数 3 のキミ

運命数3のキミは、明るくて頭がいい、みんなの人気者よ！ 楽しいことが大好きで、おしゃべり上手

お笑いの才能もあるぜ！

人を笑顔にできると、どんな悩みも忘れられるんだね

歌や絵の才能もありそう

手先も器用だし、いろんなことにチャレンジしてみるといいわ

でもさ、キミ、あきっぽいよね

最後まで続けたことないんじゃない？

今はまだいいの。いろいろやってみれば、きっと、これっていうものがあるから

夢はひとつじゃなくていいんだよね

もちろん！ 俳優で歌手で映画監督っていう人もいるでしょ

天使＆小悪魔診断

天使と小悪魔がささやく 運命数 **4** のキミ

- 運命数4のキミはとても正直な人よ！ マジメにがんばって、やがてとても大きな成功をつかむわ！

- あわてず、ゆっくり、一歩一歩進んでいくタイプなのよ

- おれだったら、さっさと走っていっちゃうね

- そんな小悪魔くんを、キミはあとからゆうゆうと追いぬいていくのよね

- 今は少し、マイペースなだけか

- キミは思ってる以上に強くて、しなやかよ

- そっか！ すごくガマン強いんだな

- ええ！ 誠実でやさしくて、友だちとしても恋人としても最高♡

- おれも、キミとつき合いたい～

毎日占い 青いペンを持ち歩くと、友だちと一日楽しくすごせるよ♪

天使と小悪魔がささやく 運命数 5 のキミ

運命数5のキミは、いつでもどこでも自分らしく生きていく、自由人！ いつか、みんながビックリするような大活躍をするわ！

おれも自由人！ 命令されるの大嫌い！

なんでも自分の好きなようにやりたいんだよね！

キミには、人とちがう、オリジナルな発想があるわ

変わり者、最高！

ちがうことを認めない人と、戦うこともあるかもしれないわ

キミは負けないさ！

決してあきらめずに進んでいく冒険者なのね

カッコイイ！

いろんな人と会って話すことが、キミの力になるわ！

173　天使&小悪魔診断

••••• KK   06:00 ▶ 40%

天使と小悪魔がささやく 運命数 **6** のキミ

 運命数6のキミは、平和を愛する人よ！ みんなが楽しくすごしているのが、キミのよろこびなのよね！

まるで天使みたいじゃん？

 小悪魔くんみたいなトラブルメーカーも、キミはやさしく、温かく、受け入れてくれるのよね

絵や音楽の才能もあるよな

 キミには、美しく、すごいものを作り出す力があるのよ

それも、みんなをよろこばせるため、だろ？

 自分のしたいことをすることが、みんなのためになるの

やっぱ、天使じゃん！

 争いをさけるために、ガマンしすぎるところが心配よ

ときには小悪魔になってみるのもいいんじゃない？ お誘いするぜ

 おしゃれへの関心度がアップ。友だちと情報交換してみて。

174

天使と小悪魔がささやく 運命数 7 のキミ

運命数7のキミは、不思議な魅力がある人よ！ 想像力豊かで、空想好き！ 将来は、小説家や占い師になれるかもしれないわ！

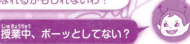
授業中、ボーッとしてない？

夢見がちなのよ

本を読んだり、ひとりですごしたりするのが、好きなのね

人に合わせるのはニガテなんだな

いちいち考えすぎてしまうのよね

考えすぎて悩んだときは、寝ちゃうといいよ

ムリに人に合わせなくていいのよ。自分らしくいることで、才能は花開くの

おれだって、全然人に合わせてないもんね

キミにも、小悪魔くんみたいな図太さがあれば最強よ!!

175　天使&小悪魔診断

天使と小悪魔がささやく 運命数8のキミ

運命数8のキミは、どんなことにも、マジメに一生懸命取りくんで、最後にはかならず成功する人!!

おれは、マジメはニガテ……

そこが小悪魔くんと、キミのちがうところよ

むずかしいこと、つらいことにも逃げずに立ち向かうのよ

おれならあきらめちゃうけどな

だからこそ、得るものも人よりずっと大きいの

苦労して大きな成功をつかむのか

おれは楽して、大きな成功をつかみたいなあ

それはさすがにムリ〜！

おれはどうせ小者だよ。キミみたいな人にはなれないなあ

毎日占い おだやかな一日。お気に入りの音楽を聞いてリラックス。

天使と小悪魔がささやく 運命数9のキミ

運命数9のキミは、ものごとを深く考える人よ！ 世のため人のために、力になりたいと思っているわ

ふうん

考えるからこそ悩んじゃうのよね

おれは考えないから悩まない☆

キミの場合、完ぺきにしたいと思いすぎて動けないのかも

でも、考えているだけじゃなにも変わらないよね

そうそう

とにかくなにか、行動してみれば？

たまには小悪魔くんもいいことというわね

悩むより、あたってくだけろ！

キミはいつか世界を変えることができるわ

すごいとこ見せてくれよな

177　天使&小悪魔診断

ちょこっとおまじない その4

～かわいさアップしたいとき～

むらさきリボンのおまじない
ヘアブラシの柄の部分に、自分の髪と同じくらいの長さのむらさきのリボンを結ぼう。これで毎日髪をとかすと、サラサラ＆うるうるな髪に！

リップにペタン！
いつも使っているリップのフタに、自分の願望を書いてはっておきます。すると、その願望に少しずつ近づいていくんだって☆

つめにおとなのキス☆
両手のつめにキスをしてから出かけると、指先と背すじがピーンと真っすぐになって、背が高くなるの。歩きかたもおとなっぽくなるよ♪

光のおすそわけ
夜、月をながめて、その光を目のなかに閉じこめよう。それから、強めにまばたきをして。月のパワーが入りこんで、印象的な目に♪

スターの印
まゆとまゆのあいだに、指で星印をかいて。そして、かいた星の真ん中をグッと強く押すの。これを1週間続けると、パッチリ目に☆

フサフサまつ毛の魔法
両方の人差し指に、5回息を吹きかけて。それから、まつ毛を人差し指でやさしくおおってみて。まつ毛にパワーが宿ってフサフサに♪

あこがれをポケットに♡
こうなりたい！　というあこがれの芸能人の写真の切りぬきをポケットに入れて、いつでも持ち歩いて。少しずつ理想に近づいていけるよ。

月に飛んでいけ！
夜9時に窓を開けて、「ニキビは月に飛んでいけ！」と小声で10回となえて。1か月くらい続けると、ニキビがキレイに治っているはず！

お日さまシャワー
朝起きたら、お日さまを見て深呼吸！　それから、光のシャワーをあびるイメージで、手で顔をなでてみて。笑顔がキラキラしてくるよ！

リンゴのほっぺ
メイクの前に「リンゴのほっぺ」と3回いって。それからメイクすると思っている以上にキラキラかがやく女の子に変身できちゃうの！

 友だちとケンカしてしまうかも。ヨーグルトを食べると◎。

も〜っと友だちとなかよくなるために……
プラスマイナス デコボコTEST

自分のなかにあるいろんなデコボコを診断しちゃいます！
キミが持っているいいところを凸ポイント、
プラスしたほうがいいところを凹ポイントとして
紹介しているよ。友だち作りの参考にしてみてね♪

PART1 自分の性格編

自分発見 デコボコTEST

診断方法
それぞれの問いを読んで、ⓐ、ⓑ、ⓒのなかから
あてはまるものをえらんでね。

Q1 次に生まれ変わるなら、どの動物がいい?

ⓐ 鳥　ⓑ ねこ　ⓒ キリン

Q2 大好きな男子の持ち物になって一日すごすなら?

ⓐ じっと見つめてもらえるカレの部屋の鏡

ⓑ カレを温かく包みこむコート

ⓒ カレの背中にピッタリくっつけるリュック

毎日占い　遊びのことばかり考えて、注意力にかけそう。足元に注意。

Q3 もしアイドルになれるなら、なにをしたい？

ⓐ 大きな会場でライブ　　ⓑ 自分のファンと握手会

ⓒ 有名カメラマンによる写真集の発売

Q4 もしキミが女の子だけで音楽グループを作るとしたら、どのパートを担当したい？

ⓐ ドラム
ⓑ ギター
ⓒ ボーカル

Q5 カレとデート中、ふたりで食べたいのは？

ⓐ ソフトクリーム　　ⓑ パンケーキ

ⓒ ハンバーガー

Q6 「グラグラ」と聞いて、想像するのはどれ？

ⓐ 煮たったお湯　ⓑ ぬけそうな歯　ⓒ 地震

Q7 もしこの地球上にふたりきりになったとしても、絶対につき合いたくないのは？

ⓐ オオカミ男　ⓑ ドラキュラ

ⓒ フランケンシュタイン

Q8 下校中、あなたのうしろをついてきたのは？

ⓐ 見知らぬおじさん　ⓑ カッコいい男の子

ⓒ かわいい子犬

Q9 しりとりクイズのつもりで答えてね。「キス」の次は？

ⓐ 酢　ⓑ すいか　ⓒ スズメ

Q10

友だちから電話が。見たいテレビ番組があるのに、なかなか切ってくれない……。どうする？

ⓐ しかたなく電話を続ける

ⓑ 電波がとぎれたフリをして切る

ⓒ 正直に理由を話して切る

毎日占い　スポーツで仲間との団結力が高まるよ。体を動かして。

Q11 世界一かわいくなれる薬が入っているのはどの容器?

- ⓐ 背の低いガラスのコップ
- ⓑ おとなっぽいワイングラス
- ⓒ カラフルなマグカップ

Q12 友だちからハンカチをプレゼントされました。それはどんな柄?

- ⓐ おしゃれなストライプ
- ⓑ キャラクターもの
- ⓒ ハートがたくさんならんでいる

Q13 学校の授業がつまらないとき、どうする?

- ⓐ イタズラ書きをする
- ⓑ ちがうことを考える
- ⓒ がんばって話を聞く

Q14 キミがはずかしいと思うのはどれ?

- ⓐ みんなの前でころぶ
- ⓑ 好きな人の前でころぶ
- ⓒ だれもいないときにころぶ

Q15 将来の仕事、どれがいい？

a. マンガ家
b. キャビンアテンダント
c. 学校の先生

診断結果

a、b、cのなかでえらんだ答えのマークが一番多かったのはどれかな？
このままみがいてほしいのが凸ポイント、プラスしたほうがいいところが凹ポイントだよ！

a が多かった人

キミの凹ポイント
ミステリアスさ！

たまには明るさをセーブして、ミステリアスなムードを作ってみるといいかも☆ 明るくてほがらかなのはとてもいいことだけど、度がすぎると単なる「にぎやかな子」「うるさい子」というイメージがついちゃうから、ほどほどにしてね。

キミの凸ポイント
明るさ！

キミはとっても明るくて、元気で楽しい女の子♪ まわりに落ちこんでいる人がいたら、はげましてあげたり、自分の失敗談を話してその場をなごませたりできる人。その明るさが、クラスみんなの気持ちまでハッピーにするみたい！

毎日占い：午後から運気が下り坂。あまりおそくならないうちに帰ろう。

bが多かった人

✦キミの凹ポイント

クールさ！

やさしいのはとてもステキなことだけど、ときにはクールに、カッコよくキメてみて。やさしい女の子って、たしかに人気があるけど、ただやさしいだけになっちゃうと、「おせっかい」って思われてしまうかもしれないから気をつけてね！

✦キミの凸ポイント

やさしさ！

キミは気がきくうえに人を思いやれる、やさしい心の持ち主！ 困っている人を見たら助けずにはいられないタイプだね。人だけではなく、動物や植物を愛する気持ちもあるよ。そんなすがたが、男の子のハートをくすぐっちゃうのかも♡

cが多かった人

✦キミの凹ポイント

シンプルさ！

キミはそのままでも十分かわいい女の子♡ だから、ムリにおしゃれしたりメイクしたりしなくてもだいじょうぶだよ。むしろ、今以上にかわいらしさをアピールしてしまうと、少しイヤミに思われちゃうかもしれないから、注意しよう！

✦キミの凸ポイント

かわいらしさ！

キミはとっても女の子らしくてかわいいタイプ。それは見た目だけにかぎらず、ふとしたときのしぐさやムードにもあらわれているはず☆ それに、どこか弱そうでかれんで、守ってあげたくなる雰囲気もあるの。男の子がキミを放っておけない理由かも♪

PART2 友だちとのつき合い編
友情デコボコTEST

診断方法
ここからは、学校での日常生活を思い出しながら、それぞれの問いを読んで、あてはまるものをえらんでね。

Q1 授業中なのに、A子から話しかけられちゃった……。さて、その話の内容はどんなこと?

ⓐ 先生のミスを発見しちゃった
ⓑ 次の休み時間になにをして遊ぶか
ⓒ 授業に関係のある質問

Q2 うしろのB子が、教科書のかげにかくれて本を読んでいます。どんな本?

ⓐ ミステリー小説
ⓑ マンガ
ⓒ ファンタジー小説

毎日占い　ラブ運バッチリ!　片思いのカレと会話が盛り上がりそう☆

Q3 いつも元気なC子が机につっぷしています。なぜだと思う？

ⓐ ゆうべ夜ふかししたので、居眠りしている

ⓑ 体調が悪くなった　ⓒ おなかがすいてダウン！

Q4 窓際に座っているD子は、授業中なのにうわのそらで窓の外を見ています。なにを見ていると思う？

ⓐ 雨がふりそうな空

ⓑ 校庭でやっている、別のクラスの授業

ⓒ 特別なにかを見ているわけではなく、ぼんやりと空想している

Q5 E子は、前の席の子の背中をトントンたたいています。どんな用事？

ⓐ 落としたものをひろってもらおうとしている

ⓑ いたずらしようとしている

ⓒ 放課後の相談をしようとしている

Q6 F子がうしろの子に手紙をわたそうとしています。いったいだれと手紙の回し読みをしているんだろう？

ⓐ クラスのみんなと　ⓑ 親友ひとりだけと

ⓒ なかよしグループの数人と

Q7 よく見ると、G子がハンカチでなみだをふいています。どうして泣いていると思う?

a. 先生にしかられた
b. 友だちから仲間はずれにされた
c. 好きな男の子にフラれた

Q8 いよいよ給食の時間。きょうのメニューはなんだろう?

a. カレーライス
b. たきこみごはん
c. ミートソーススパゲッティ

Q9 待ちに待った昼休み。キミは雑誌を読むことに。そこで目にとまったのは、なにがのっているページ?

a. ほしいアクセサリー
b. 好きな芸能人
c. おしゃれな料理

Q10 となりのグループはじゃんけんの真っ最中。これからどんなゲームをすると思う?

a. だるまさんがころんだ
b. トランプ
c. 鬼ごっこ

毎日占い　家族と買い物に行くと、ほしいものを買ってもらえるかも!?

Q11
そうじの時間、クラスの男子がバケツをのぞきこんでいました。バケツに入っていたものは？

ⓐ ぬれたぞうきん
ⓑ クラスで飼っているメダカ
ⓒ なにも入っていない

Q12
「放課後、図書館に寄っていかない？」と声をかけられたキミ。だれから声をかけられた？

ⓐ 気になっている男子
ⓑ なかよしの女の子
ⓒ じつはライバルだと思っている女の子

Q13
校庭に出ると、校長先生がだれかとお話し中。その相手は？

ⓐ となりのクラスの先生
ⓑ 授業中に泣いていたG子
ⓒ クラスのいたずらっ子

Q14
学校から帰るとちゅう、迷子を見かけました。「名前は？」と聞いても泣いてばかりで返事がありません。さて、どうする？

ⓐ 泣きやむまでいっしょに待つ
ⓑ 迷子の手を引いて、お母さんをいっしょに捜す
ⓒ いっしょに交番に行く

Q15 遠くから、迷子のお母さんらしき人が！どんな服装をしていた？

a. Tシャツにジーンズ
b. ビシッとしたスーツ
c. ゆったりワンピース

診断結果

a、b、cのなかでえらんだ答えのマークが一番多かったのはどれかな？
このままみがいてほしいのが凸ポイント、
もっといい関係をきずくために
プラスしたほうがいいのが凹ポイントだよ！

aが多かった人

キミの凹ポイント
クラスをまとめる力！

クラスのリーダー的立場にまわってみよう。クラスの目標を、進んで決めてみて。バラバラの意見を取りまとめれば、「おもしろくて、たよれる人！」とみんなからしたわれそう☆　話し合いをまとめるなど、もめごとの解決ができるともっといいね。

キミの凸ポイント
ひょうきんさ！

暗いムードだな、イヤな感じがするな……。そう思ったら、進んでおもしろいことをやろうとするタイプだね。ちょっとしたことを"笑い"に変える才能があるから、その場の空気をパッと明るくできるんだ！　たとえスベってもおもしろいから問題なし♡

毎日占い　パワフルな運気。心配ごとが解決して、スッキリできそう！

ⓑが多かった人

✨キミの凹ポイント
素直さ！

ありのままでいられる、素直な女の子を目指そう☆ 自分の感情をストレートに出すように心がけてね。思ったことはハッキリいってOKだよ。うれしいときは思いっ切り笑い、悲しいときは泣く！ そんな純粋なすがたが、みんなに愛されるの♪

✨キミの凸ポイント
思いやりの気持ち！

みんなとうまくやっていきたい！ という気持ちが強いキミ。自分の意見よりも人を優先する思いやりがあるね。自分の考えはしっかり持ちつつも、人の意見を聞くこともできるから、みんなからたよりにされているみたい。やさしさあふれるリーダーだね！

ⓒが多かった人

✨キミの凹ポイント
話を聞く力！

おしゃべりするのが大好きなキミは、どうしても自分のことばかりを話してしまいがち。おしゃべりしたい気持ちを少しガマンして、まずは人の話を聞くようにしてみて。だれかが話し始めたら、「うんうん♪」って笑顔でうなずくだけでOK！

✨キミの凸ポイント
フレンドリーさ！

人見知りせずに、だれとでも気軽に話ができるのが、キミのいいところ！ 自分のことを包みかくさず話すから、相手もすぐに打ち解けてくれるんだ。その人なつっこさが、キミの魅力のひとつ♡ これからも親しみやすさ全開で友だちを増やしてね。

編集／ハッピーうらない委員会
こわいほどあたる占い師と、占いが大好きな編集者、イラストレーターなどで構成する委員会。全国の悩める子たちへ向けて、手助けとなるメッセージを届けるべく、日々研究にはげんでいる。

カバーイラスト◆茶匡
ブックデザイン　根本直子（説話社）
占い監修　　　高橋桐矢（P141-150、P167-177）
本文イラスト　茶匡（P5-139、P151-165、P179-191）
　　　　　　　ふじいまさこ（P141-150、P167-177）
企画・編集　　玉田枝実里　万崎 優　黒沢真記子　小島みな子（説話社）

講談社KK文庫　A23-3

読んで元気になれる
スーパーハッピーうらない

2016年12月14日　第1刷発行（定価はカバーに表示してあります）
2021年 3月 1日　第2刷発行

編　　　集	ハッピーうらない委員会
発　行　者	渡瀬昌彦
発　行　所	株式会社　講談社
	〒112-8001　東京都文京区音羽2-12-21
	電話　編集　（03）5395-3535
	販売　（03）5395-3625
	業務　（03）5395-3615
印　刷　所	共同印刷株式会社
製　本　所	株式会社　国宝社
本文データ制作	株式会社　説話社

●本書のコピー、スキャン、デジタル化等の無断複製は著作権法上での例外を除き禁じられています。本書を代行業者等の第三者に依頼してスキャンやデジタル化することはたとえ個人や家庭内の利用でも著作権法違反です。
●落丁本・乱丁本は購入書店名を明記のうえ、小社業務あてにお送りください。送料小社負担にてお取り替えいたします。なお、この本についてのお問い合わせは児童図書編集あてにお願いいたします。

N.D.C.913　191p　18cm　Printed in Japan　　　　　　　　　ISBN978-4-06-199588-8
©Happy Uranai Iinkai